200 JUEGOS Y EJERCICIOS DE COORDINACIÓN ÓCULO-MOTRIZ

Javier Alberto Bernal Ruiz
Antonio Wanceulen Moreno
José Fco. Wanceulen Moreno

WANCEULEN Editorial

WANCEULEN EDITORIAL DEPORTIVA

©Copyright: Los Autores

©Copyright: De la presente Edición, Año 2018 WANCEULEN EDITORIAL

Título: 200 JUEGOS Y EJERCICIOS DE COORDINACIÓN ÓCULO-MOTRIZ

Autores: JAVIER ALBERTO BERNAL RUIZ, ANTONIO WANCEULEN MORENO y JOSÉ FRANCISCO WANCEULEN MORENO

Editorial: WANCEULEN EDITORIAL

Sello Editorial: WANCEULEN EDITORIAL DEPORTIVA

ISBN (Papel): 978-84-9993-974-2

ISBN (Ebook): 978-84-9993-975-9

Impreso en España. 2018

WANCEULEN S.L.

C/ Cristo del Desamparo y Abandono, 56 - 41006 Sevilla

Dirección web: www.wanceuleneditorial.com y www.wanceulen.com

Email: info@wanceuleneditorial.com

ÍNDICE

Introducción

Uno de los objetivos que debemos tener presentes todos los docentes especialistas en Educación Física es el de *Educar a través del Movimiento*. Esto implica básicamente que nuestros alumnos sean capaces de afrontar los diversos problemas que les plantea el entorno de la forma más eficaz posible, utilizando para ello los recursos de que dispone su propio cuerpo. Dichas herramientas son variadas (cualidades perceptivo-motrices, cualidades físicas, esquema corporal, Sistema Nervioso Central...), pero si concebimos al ser humano de una manera integral es lógico pensar entonces que deban utilizarse todas a la vez, o al menos en la misma dirección, para obtener el mejor de los desarrollos posibles.

En las siguientes páginas vamos a ofrecerles el entramado teórico que envuelve a uno de los principales recursos corporales, la Coordinación, así como un amplio repertorio de actividades para trabajar de forma específica la Coordinación Óculo-Motriz con sus alumnos.

Concepto

Cuando vemos que un alumno se desplaza sorteando obstáculos sin derribarlos, cuando recibe un balón de baloncesto, lo bota y lo vuelve a pasar a un compañero, cuando esquiva la pelota que le han lanzado jugando a balontiro, o cuando, por ejemplo, trepa por una espaldera y desciende sin tocar los peldaños prohibidos, decimos que es un alumno coordinado. Del mismo modo, cuando vemos que lanza un balón a canasta y no toca ni el tablero, o cuando trata de completar un recorrido en zigzag y se salta algún cono, decimos que es descoordinado, pero... ¿qué es exactamente la Coordinación?

La Coordinación es una capacidad perceptivo motriz (junto al equilibrio) con la que adaptamos nuestro movimiento a las necesidades del entorno que nos rodea, poniendo en funcionamiento la musculatura necesaria en el momento adecuado, con una velocidad e intensidad acordes a dichos requerimientos.

Para considerar que un movimiento es coordinado podríamos prestar atención a las siguientes premisas:

- Existe una contracción de los músculos que resultan útiles para la realización del movimiento que nos llevará a cumplir el objetivo, así como una relajación de los músculos que no están implicados en el movimiento para facilitarlo o no interferir en él.

- Se han tenido en cuenta las distancias y colocación respecto a otros jugadores, objetos…, es decir, si se ha tenido conciencia del espacio en el que estamos (percepción espacial).

- Del mismo modo, se deben tener en cuenta las velocidades a las que se desplazan los objetos y jugadores del entorno, así como la nuestra (percepción temporal).

- Las dos anteriores son prácticamente inseparables, dando lugar a las trayectorias. Se debe haber tenido en cuenta, por tanto, la relación espacio-tiempo (percepción espacio-temporal) de cada uno de los elementos de la tarea.

Determinantes de la Coordinación

Son bastantes los factores que intervienen en el desarrollo de la Coordinación. Algunos de los más influyentes son:

o El **Esquema Corporal**: en cuanto a la capacidad de conocer y ser capaces de representar nuestro propio cuerpo, ya sea en reposo o en movimiento. Corre con la responsabilidad de hacer comprender cuál es la posición del cuerpo en cualquier instante, así como de conocer cuáles son los límites o posibilidades del mismo.

o El **Sistema Nervioso Central**: encargado de recibir los estímulos internos y externos al cuerpo, elaborar una respuesta, y transmitir la información para llevarla a cabo.

o Las **Cualidades Físicas Básicas**: cuantifican las posibilidades de nuestro movimiento considerando la Fuerza, Resistencia, Flexibilidad y Velocidad de cada organismo.

o El **Equilibrio**: como mecanismo de control de nuestro cuerpo y del movimiento que realizamos.

o **Herencia**: todos los componentes vienen determinados por la genética de cada individuo.

o **Edad/Aprendizaje**: las capacidades coordinativas comienzan a desarrollarse hacia los 4 años, produciéndose un afianzamiento de las mismas cuando se alcanzan los 12 años. Durante este tiempo es conveniente exponer al organismo al mayor número de experiencias de aprendizaje posible para que desarrollemos la coordinación en todo su potencial.

o **Fatiga Muscular**: puesto que altera el ritmo de contracción-relajación de la musculatura.

o **Tensión Nerviosa**: tanto una tensión como una relajación excesivas provocan movimientos descoordinados.

Tipos de Coordinación

Le Boulch (1980), Porta (1988) y Seirullo (1993), entre otros autores, hacen referencia a la **Coordinación Dinámica General** como a aquella que tiene lugar cuando se ponen en funcionamiento gran parte o la totalidad de segmentos corporales (o musculatura). Esto implica, por regla general, situaciones de desplazamiento.

Dalila Molina (1977), expone el concepto de **Coordinación Visomotriz** para referirse a los movimientos manuales o corporales que surgen como respuesta a un estímulo visual, teniendo como finalidad la adaptación del movimiento a dicho estímulo. Este mismo concepto es denominado por otros autores como **Coordinación Óculo-Motriz** o **Coordinación Dinámica Segmentaria** (Seirulo, 1993 y Le Boulch, 1980), desglosándolo en Coordinación Óculo-Manual (cuando la relación aparece entre el sentido de la vista y las extremidades superiores), y Coordinación Óculo-Pédica (cuando la relación ocurre entre la vista y las extremidades inferiores). En la bibliografía específica sobre este tema podemos encontrar otro término que hace referencia a la coordinación existente entre el sentido de la vista y la ejecución de una tarea con la cabeza, denominándosele entonces coordinación Óculo-Cefálica.

Consideraciones para el trabajo de la Coordinación

La Coordinación es una capacidad que puede desarrollarse hasta la edad adulta, aunque nos interesa conocer que es desde aproximadamente los 4 años hasta los 12 el período clave para sentar las bases de su trabajo. En este intervalo de tiempo debemos exponer a nuestros alumnos al mayor número de experiencias posibles (y también lo más variadas), controlando en todo momento los tiempos de trabajo y descanso para evitar sobrecargas.

Algunas de las actividades tipo que podemos desarrollar aparecen en la siguiente tabla:

DESPLAZAMIENTOS	SALTOS	GIROS	LANZAMIENTOS	RECEPCIONES
Marchas Carreras Cuadrupedia Reptaciones ...	Con carrera Sin carrera Con 1 pie Con 2 pies ...	Sobre cada eje (longitudinal, anteroposterior, transversal) Según el apoyo (suspensión, suelo...) ...	Acompañamientos Golpeos Una mano Dos manos Pie ...	Paradas Controles Desvíos Una mano Dos manos ...

De vital importancia resulta presentar las propuestas que exponemos en las siguientes páginas de la manera más sencilla posible, intentando que nuestros alumnos encuentren las soluciones de ejecución mediante un procedimiento de ensayo-error. De esta forma conseguiremos aprendizajes realmente efectivos, además de posibilitar el desarrollo de la autoestima del alumno por ser el propio responsable de su éxito.

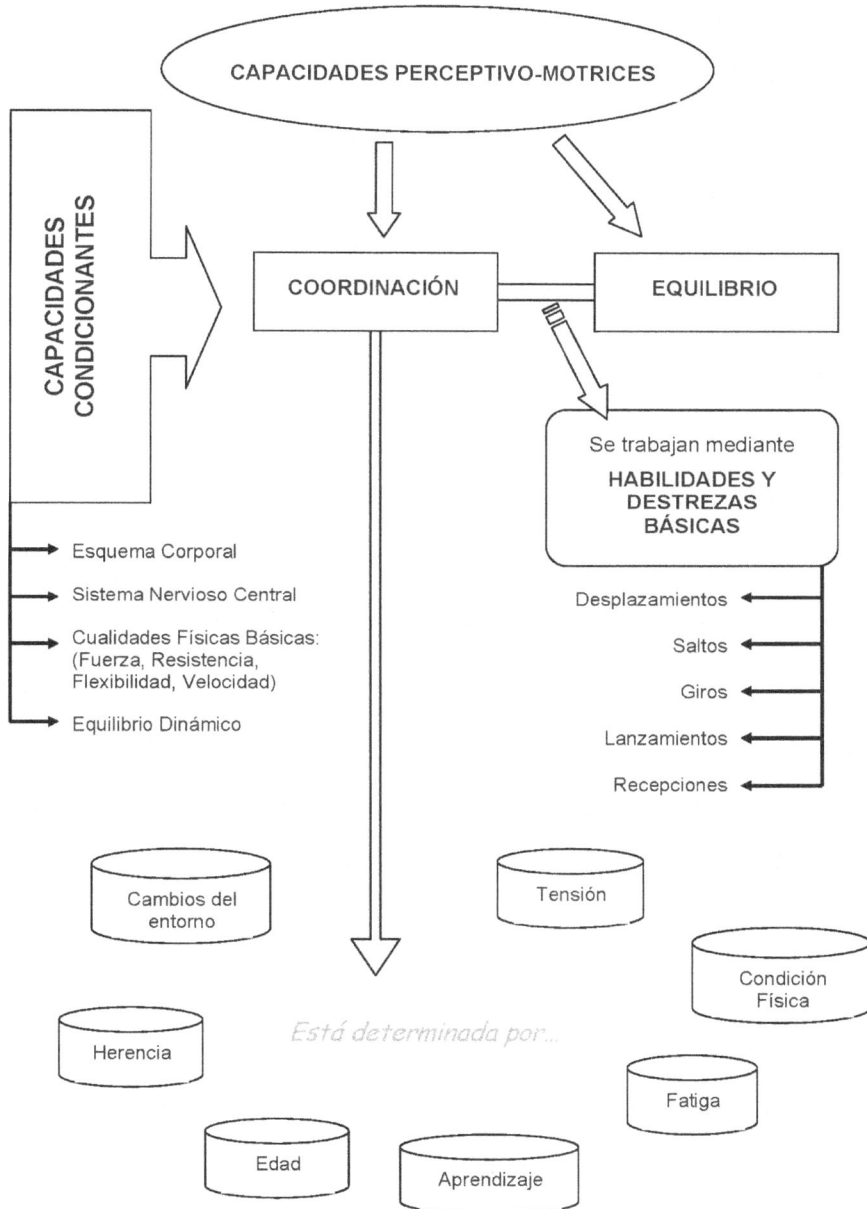

100 JUEGOS Y EJERCICIOS DE COORDINACIÓN ÓCULO-MOTRIZ PARA NIÑOS DE 10 a 12 AÑOS

ACTIVIDAD Nº 1	Individualmente con una pelota de tenis, prepararla con una mano y golpearla con la contraria hacia arriba.

ACTIVIDAD Nº 2	Mantener una pelota de tenis en el aire golpeándola con diferentes partes del cuerpo.

ACTIVIDAD Nº 3	Mantener una pelota de tenis en el aire golpeándola primero con la mano y después con la cabeza de forma alternativa.

ACTIVIDAD Nº 4	Individualmente con una pelota de tenis, lanzarla contra la pared con una mano y recibirla con las dos antes que caiga al suelo.

ACTIVIDAD Nº 5	Individualmente con una pelota de tenis, lanzarla a diferentes alturas para que nos de tiempo a colocarnos debajo y así golpearla con diferentes partes del cuerpo.

ACTIVIDAD Nº 6	Individualmente con una pelota de tenis, lanzarla de una mano a otra sin que se nos caiga al suelo.

ACTIVIDAD Nº 7	Tras colocar dianas en diferentes posiciones y alturas, lanzar una pelota de tenis desde varias distancias.

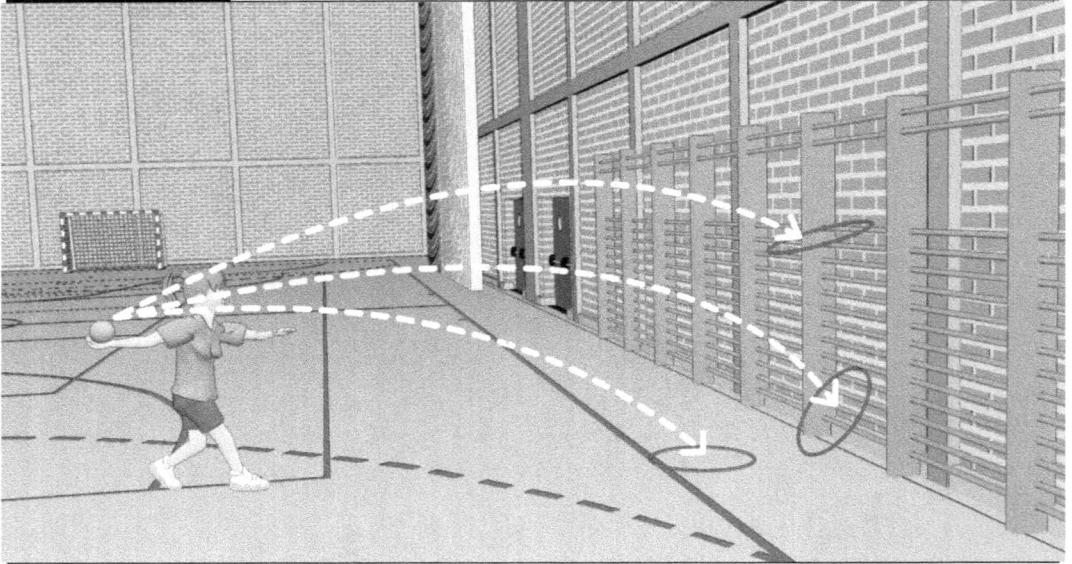

ACTIVIDAD Nº 8	Individualmente o en gran grupo, cada uno con una pelota de tenis, correr por todo el espacio de trabajo y, a la señal de profesor, dejarla caer y golpearla con la mano contraria pasándola a otro compañero, dando en una diana...

| **ACTIVIDAD Nº 9** | Individualmente con una pelota de tenis, sobre el sitio botarla con la mano hábil y después con la mano débil. |

| **ACTIVIDAD Nº 10** | Igual que el ejercicio anterior, pero ahora el profesor indica en qué dirección nos tenemos que desplazar y el tipo de bote a realizar. |

ACTIVIDAD Nº 11	Individualmente con una pelota de tenis, lanzarla al aire y golpearla de nuevo hacia abajo cada vez que de un bote.

ACTIVIDAD Nº 12	Por parejas, con una pelota de tenis, pasarla al compañero sin que caiga al suelo. Ampliar la distancia de lanzamiento cada vez que vayamos consiguiéndolo.

ACTIVIDAD Nº 13	Igual que el ejercicio anterior, pero ahora únicamente esta permitido que la pelota dé un golpe.

ACTIVIDAD Nº 14	Igual que los ejercicios anteriores, pero ahora ampliamos mucho más la distancia de lanzamiento y permitimos que el lanzador coja carrera.

| **ACTIVIDAD Nº 15** | Por parejas con una pelota de tenis, el primero realiza un lanzamiento con bote intentando pasarla por encima de su compañero. |

| **ACTIVIDAD Nº 16** | Individualmente o haciendo una competición, enviar la pelota de tenis contra una pared intentando que bote lo más lejos posible. |

ACTIVIDAD Nº 17	Por parejas, arrodillados en el suelo con dos balones cambiárselo al compañero a la señal del profesor.

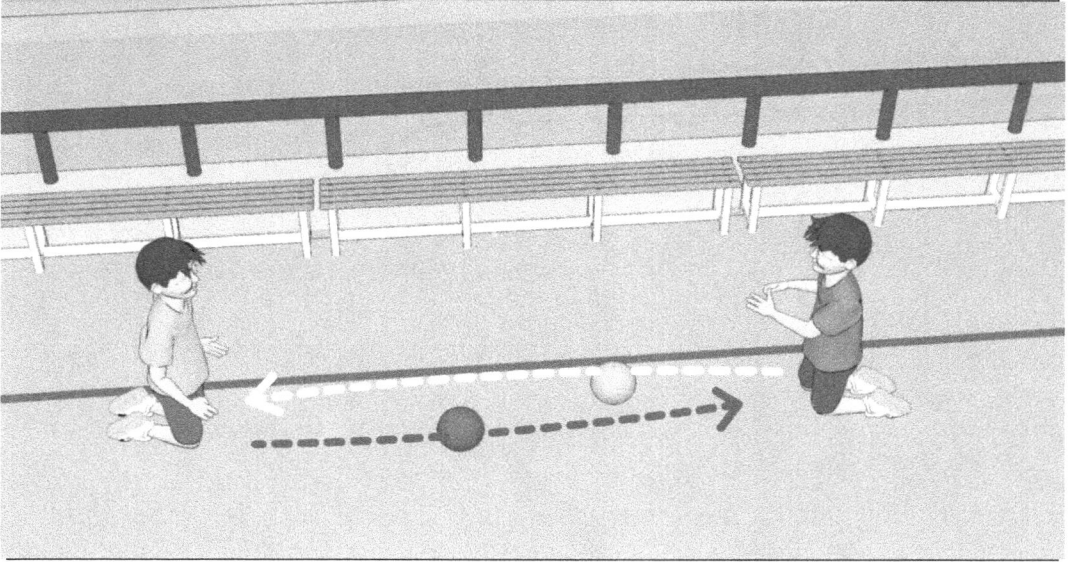

ACTIVIDAD Nº 18	Igual que en el ejercicio anterior, pero ahora nos colocamos sentados en el suelo con las piernas abiertas.

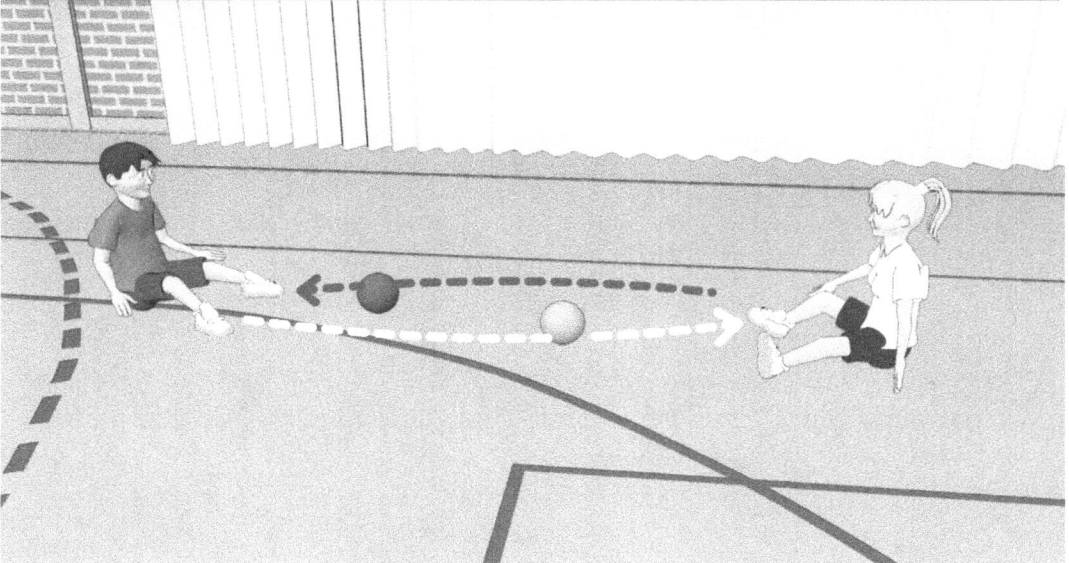

ACTIVIDAD Nº 19	Igual que los ejercicios anteriores, pero ahora nos colocamos de pie y lanzamos los balones por el aire.

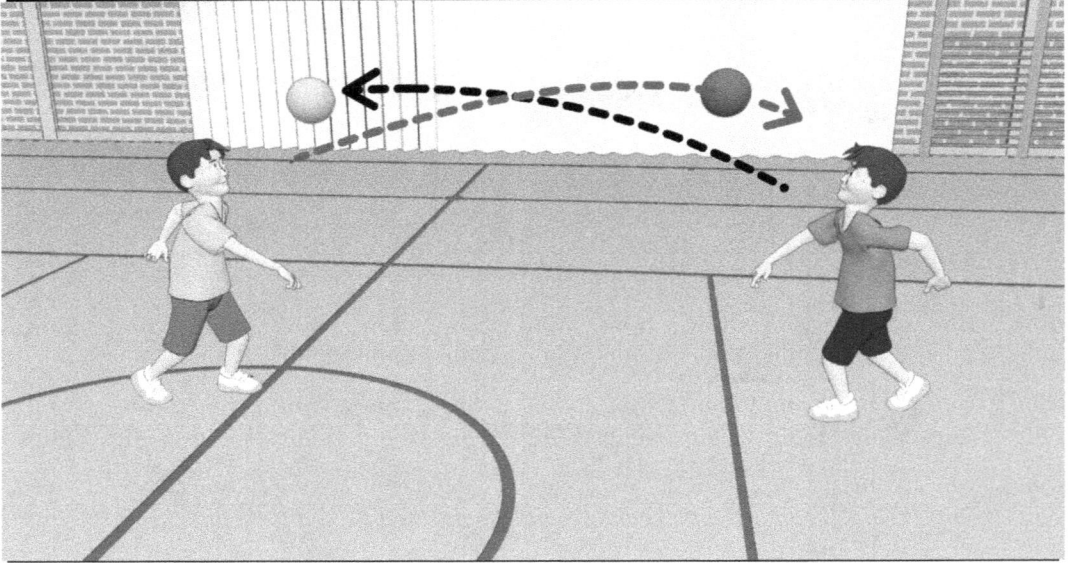

ACTIVIDAD Nº 20	Igual que el ejercicio anterior, pero ahora nos cambiamos los balones con un bote intermedio.

ACTIVIDAD Nº 21	Por parejas, con dos balones intentar botarlos a la vez. Cuando fallemos le toca a nuestro compañero.

ACTIVIDAD Nº 22	Por parejas, con un balón dar dos golpes antes de pasarlo al compañero.

ACTIVIDAD Nº 23	Por parejas, con un balón, pasárselo golpeándolo con las manos permitiendo que se den varios botes intermedios.

ACTIVIDAD Nº 24	Por parejas, el primero botando una pelota recibe y devuelve el pase de otra pelota que le lanza el compañero, para continuar botando la primera.

ACTIVIDAD Nº 25	Igual que el ejercicio anterior, pero ahora el jugador que bota y devuelve el pase lo hace de rodilla

ACTIVIDAD Nº 26	Igual que los ejercicios anteriores, pero ahora el alumno esta sentado.

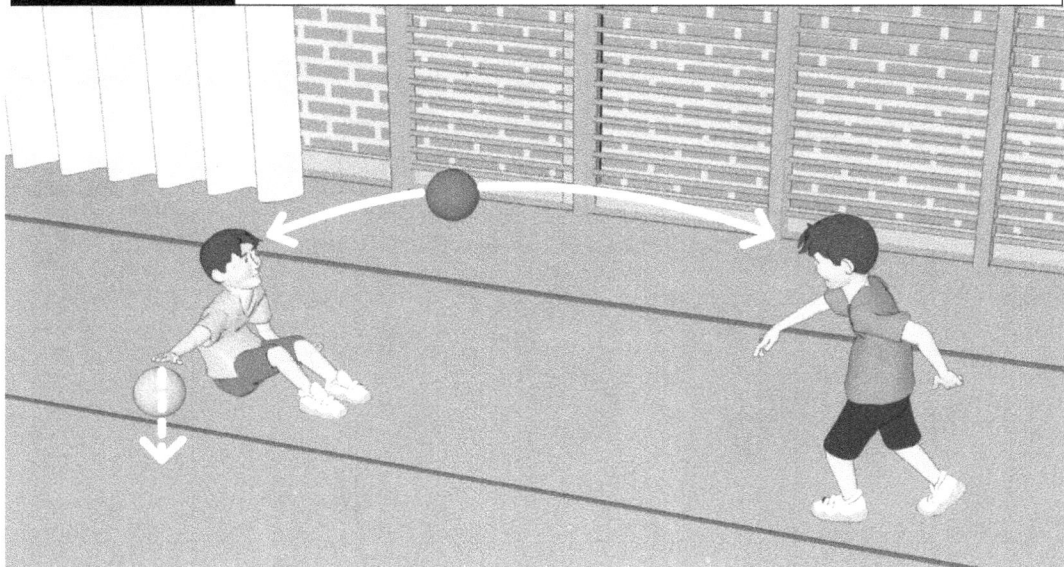

ACTIVIDAD Nº 27	Por parejas, realizar lanzamientos de penalti con la mano utilizando como portería el ancho de un banco sueco.

ACTIVIDAD Nº 28	Igual que el ejercicio anterior, pero ahora el lanzamiento se realiza con bote.

ACTIVIDAD Nº 29	Igual que los ejercicios anteriores, pero ahora el lanzamiento se realiza con un pie.

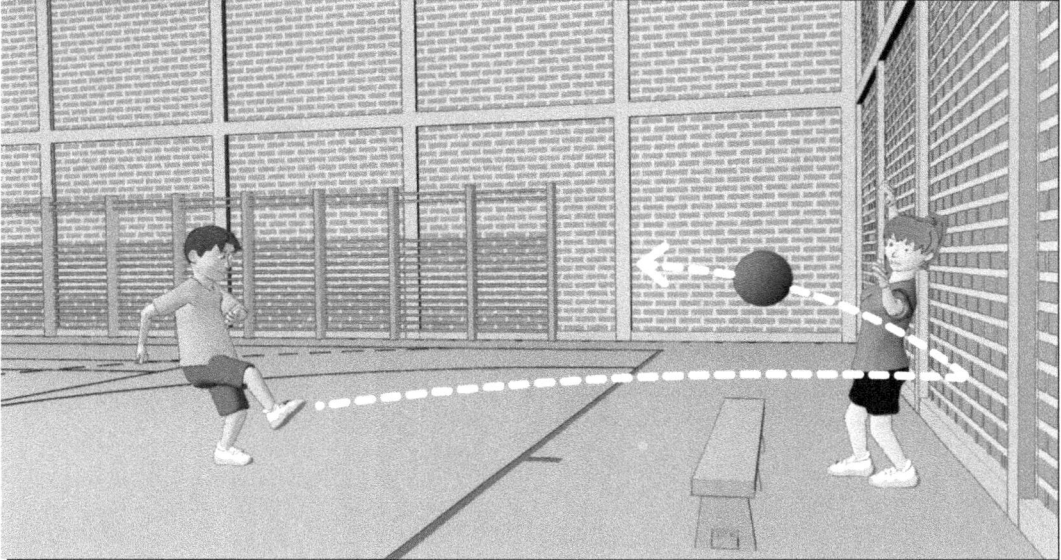

ACTIVIDAD Nº 30	Individualmente con dos balones, botarlos a la vez, a alturas diferentes.

ACTIVIDAD Nº 31	Igual que el ejercicio anterior, pero ahora nos desplazamos por el espacio de trabajo.

ACTIVIDAD Nº 32	Por parejas con un balón, dejarlo botar y, una vez que se encuentre arriba, un alumno lo atrapa por los lados y el otro por los polos. Realizar esta acción el mayor número de veces de forma fluida.

| ACTIVIDAD Nº 33 | Igual que el ejercicio anterior, pero ahora los lanzamientos se realizan hacia arriba. |

| ACTIVIDAD Nº 34 | Por parejas con un balón, tras lanzarlo hacia arriba, intentar atraparlo entre los dos compañeros lo más alto posible. |

ACTIVIDAD Nº 35	Por pareja con un balón, realizar un pase de pecho intentando que la trayectoria sea lo más recta posible.

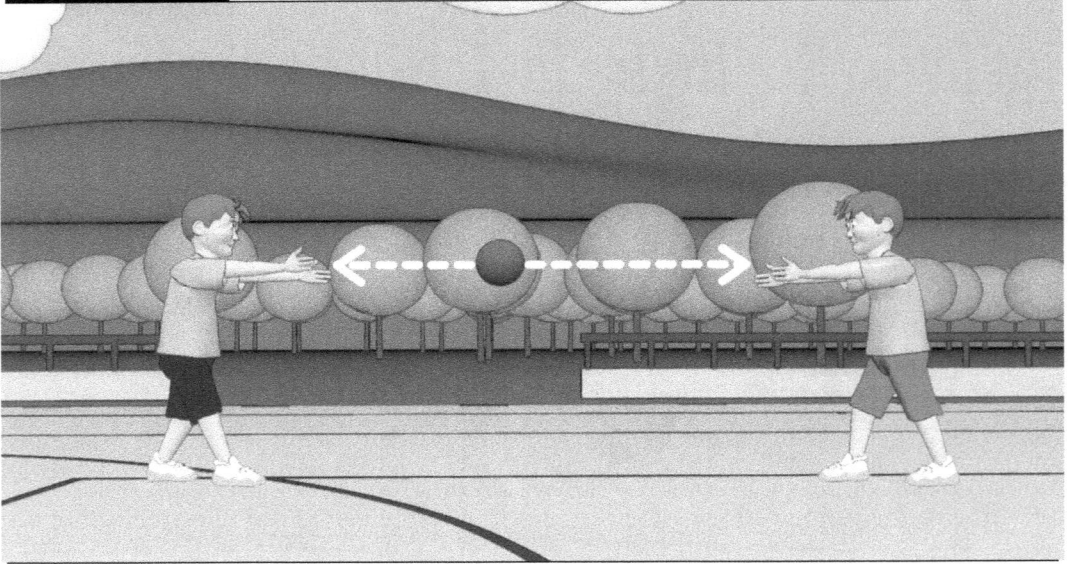

ACTIVIDAD Nº 36	Igual que el ejercicio anterior, pero ahora lanzamos de arriba hacia abajo trazando una diagonal.

| ACTIVIDAD Nº 37 | Por parejas con un balón, pasando al compañero de forma bombeada cada vez más alto. |

| ACTIVIDAD Nº 38 | Por pareja con un balón, pasárselo intentando dar un único bote. |

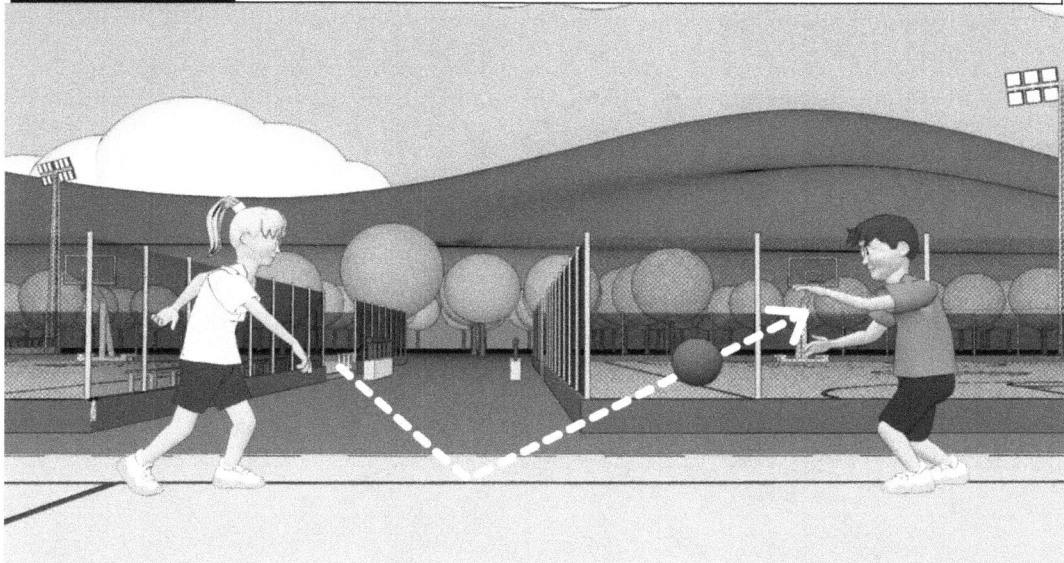

ACTIVIDAD Nº 39	Por parejas con un balón, desplazarse por el espacio de trabajo pasándoselo de alguna de la forma que hemos visto en los ejercicios anteriores.

ACTIVIDAD Nº 40	Por parejas, desplazándose un alumno tras otro pasarse un balón sin que caiga al suelo. Cambiar roles.

ACTIVIDAD Nº 41

Igual que el ejercicio anterior, pero ahora el alumno que va de tras da un giro completo antes de recibir la pelota de su compañero.

ACTIVIDAD Nº 42

Por parejas, lanzar el balón a un compañero para que éste nos lo devuelva golpeándolo con su balón como muestra la ilustración.

ACTIVIDAD Nº 43	Igual que el ejercicio anterior pero ahora golpeamos el balón del compañero a la altura de la cintura.

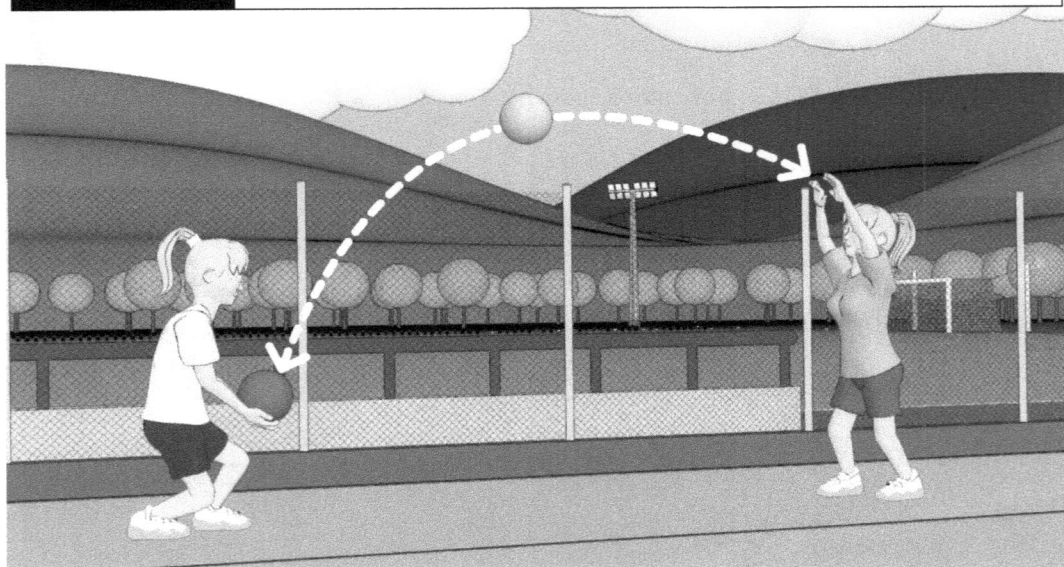

ACTIVIDAD Nº 44	Por parejas, por el espacio de trabajo pasándose un balón corriendo cada vez más rápido.

ACTIVIDAD Nº 45

Por parejas, con un balón pasárselo al compañero para que éste nos la devuelva golpeándolo con la cabeza.

ACTIVIDAD Nº 46

Por parejas con un balón, el primero lo lanza por encima de la cabeza de su compañero y éste corre a cogerlo lo más rápido posible.

ACTIVIDAD Nº 47	Por pareja con un balón, uno tras otro, el primero pasa a su compañero y éste se da la vuelta para recibirlo cuando escuche la señal.

ACTIVIDAD Nº 48	Igual que el ejercicio anterior, pero ahora se da la vuelta cuando escuche el bote del balón.

ACTIVIDAD Nº 49	Individualmente con un balón, y con los brazos en cruz, llevarlo de un lado a otro, describiendo la trayectoria de medio círculo.

ACTIVIDAD Nº 50	Individualmente con un balón, en una mano, pasarlo por la espalda y atraparlo con la mano contraria.

ACTIVIDAD Nº 51	Igual que el ejercicio anterior, pero ahora nos vamos desplazando por el espacio de trabajo.

ACTIVIDAD Nº 52	Por parejas, con tres balones, cada uno bota un balón mientras se pasan el tercero con la mano que les queda libre.

ACTIVIDAD Nº 53	Igual que el ejercicio anterior, pero ahora se pasan el tercer balón con los pies.

ACTIVIDAD Nº 54	En gran grupo cada uno botando un balón y otros balones esparcidos por el espacio de trabajo, desplazarse golpeando estos últimos balones intentando interrumpir el bote de los compañeros.

ACTIVIDAD Nº 55	Individualmente con dos balones, botar el primero con la mano hábil y agarrar el segundo con la débil. Cambiar esta posición cada tres botes sin interrumpir el movimiento.

ACTIVIDAD Nº 56	Igual que el ejercicio anterior, pero ahora nos desplazamos por el espacio de trabajo.

| ACTIVIDAD Nº 57 | Igual que el ejercicio anterior, pero ahora llevamos una pelota sobre la palma de la mano y con el brazo extendido. |

| ACTIVIDAD Nº 58 | Por parejas con un balón, golpearlo y devolverlo al compañero que realiza movimientos a diferentes velocidades. |

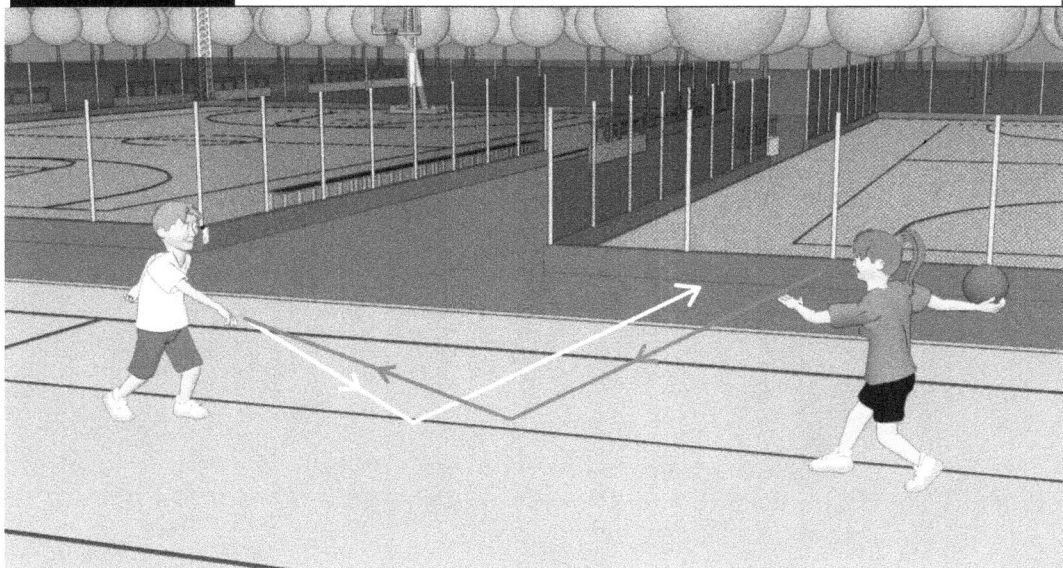

ACTIVIDAD Nº 59	Por parejas con un balón, intentar devolverlo a la altura que hemos acordados.

ACTIVIDAD Nº 60	En grupos de tres, jugar al gato y al ratón intentando, el que la queda, golpear el balón hacia una zona acordada para salvarse.

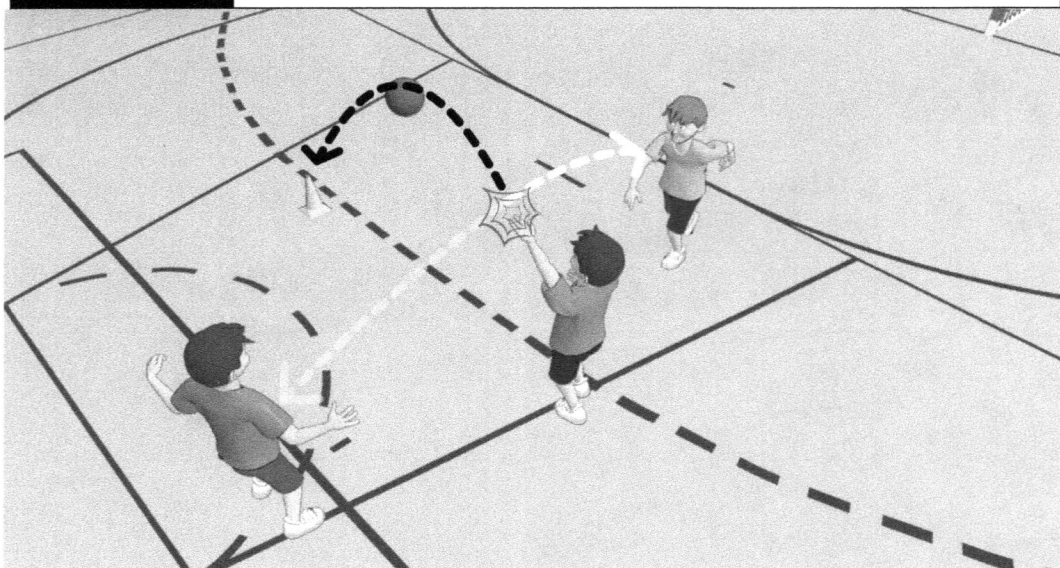

ACTIVIDAD Nº 61	En grupo, utilizando un plinto como portería, realizar lanzamientos todos a la vez intentando marcar el mayor número de goles.

ACTIVIDAD Nº 62	Por parejas con dos balones, realizar pases simultáneos un balón siempre por arriba y otro balón siempre rodado.

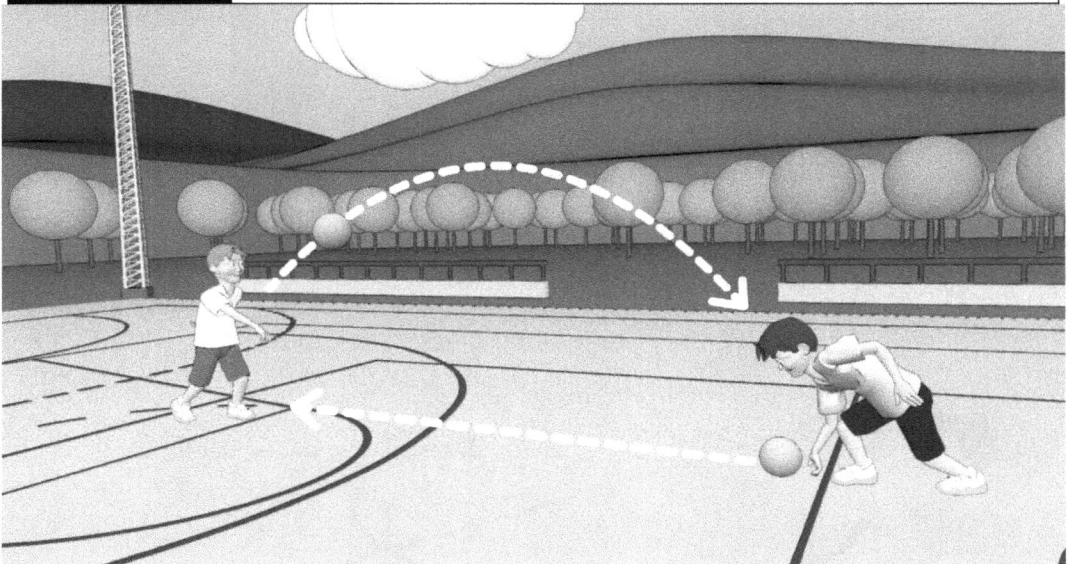

ACTIVIDAD Nº 63	Por parejas con dos balones, pasarlo a la vez de espaldas entre nuestras piernas intentando que no choquen.

ACTIVIDAD Nº 64	Por parejas con dos balones, pasárselos a la vez al compañero para que éste los reciba sin que se les caigan al suelo.

ACTIVIDAD Nº 65	En grupo de tres, jugar al gato y al ratón. El alumno de en medio trata de interceptar los pases de sus compañeros.

ACTIVIDAD Nº 66	Igual que el ejercicio anterior, pero ahora la quedan dos alumnos.

ACTIVIDAD Nº 67	Igual que el ejercicio anterior, pero ahora los pases e intercepciones se realizan con los pies.

ACTIVIDAD Nº 68	Por parejas con un balón, el primero realiza un lanzamiento rodado y su compañero corre detrás para interceptarlo antes de que llegue a una línea acordada.

ACTIVIDAD Nº 69	Por parejas con un balón, desplazándonos por el espacio de trabajo, pasarlo al compañero cada cierto número de pasos o metros.

ACTIVIDAD Nº 70	Por parejas con un balón, el primero lo pasa a diferentes alturas y el compañero lo golpea con la parte del cuerpo más adecuado.

ACTIVIDAD Nº 71	Individualmente con un balón, botarlo sorteando por arriba una serie de obstáculos que nos encontramos en el camino (vallas, bancos...).

ACTIVIDAD Nº 72	Igual que el ejercicio anterior, pero ahora sorteamos los obstáculos por debajo.

| ACTIVIDAD Nº 73 | Individualmente con un balón y frente a una serie de obstáculos, pasar el primero por debajo golpeando el balón con el pie y el siguiente por arriba botándolo con la mano. |

| ACTIVIDAD Nº 74 | Realizar pases a un compañero lanzando el balón al aire y golpeándolo seguidamente con el pie sin dejarlo caer. |

| **ACTIVIDAD Nº 75** | Por parejas, mantener un balón en el aire golpeándolo únicamente con los pies o con las manos. |

| **ACTIVIDAD Nº 76** | Realizar pases rodados de modo que el alumno que recibe el balón le mete el pie por debajo y lo eleva con efecto para atraparlo con las manos. |

ACTIVIDAD Nº 77	Jugar al coger utilizando el balón como testigo. El jugado que sea golpeado coge el balón y la queda.

ACTIVIDAD Nº 78	Igual que el juego anterior, pero ahora juegan por equipos, de modo que el balón puede pasarse a otro compañero para que coja a un contrario.

ACTIVIDAD Nº 79	Por parejas, con un aro, un compañero realiza siempre el mismo movimiento con las manos como si fuese un robot, y el otro le lanza un aro intentando hacer diana.

ACTIVIDAD Nº 80	Situado tras una serie de obstáculo, lanzar el balón por debajo, correr por encima de los obstáculos y recoger el balón antes que llegue a un punto acordado.

| ACTIVIDAD Nº 81 | Utilizando una fila de picas o bancos, desplazarse corriendo por un lado mientras botamos la pelota por el lado contrario. |

| ACTIVIDAD Nº 82 | Igual que el ejercicio anterior, pero ahora vamos por el medio del obstáculo hasta el final y volvemos de espaldas. |

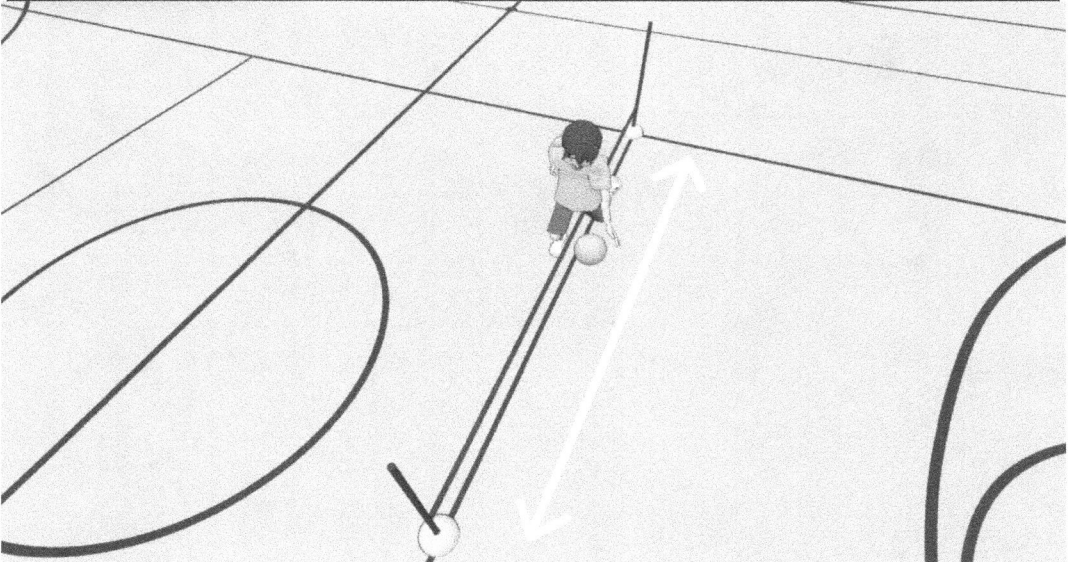

ACTIVIDAD Nº 83	Igual que el ejercicio anterior, pero ahora saltamos el obstáculo de lado a lado mientras botamos el balón.

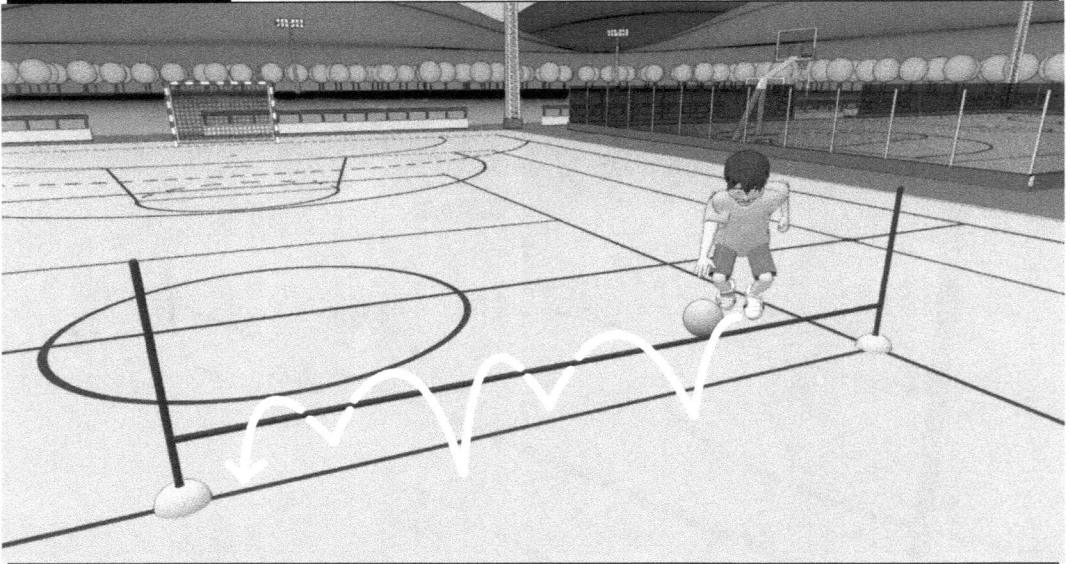

ACTIVIDAD Nº 84	Tras sortear varios obstáculos botando el balón, saltar el último lanzando a canasta.

| ACTIVIDAD Nº 85 | Por parejas, golpear la pelota contra una pared sin que caiga al suelo utilizando únicamente las manos o los pies. |

| ACTIVIDAD Nº 86 | Por parejas, el primero lanza la pelota contra la pared con las manos y, sin dejarla caer la pasa con el pie a otro compañero que repite la acción. |

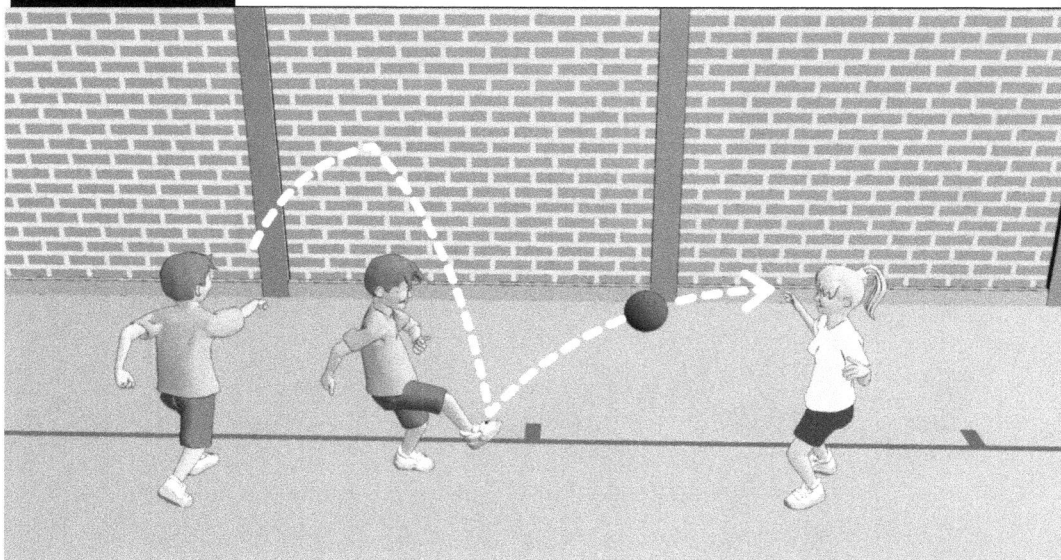

ACTIVIDAD Nº 87	Jugar un partido de"obles"utilizando una pelota de plásticos.

ACTIVIDAD Nº 88	Mantener una pelota de ping pong en el aire dándole un número determinado de golpes y a continuación enviarla contra la pared.

ACTIVIDAD Nº 89	Igual que el ejercicio anterior, pero ahora recogemos la pelota y continuamos dándole golpes

ACTIVIDAD Nº 90	Por parejas, el primero hace rodar un aro y su compañero intenta meter la pelota por éste sin interrumpir el desplazamiento.

| ACTIVIDAD Nº 91 | Por parejas con una pelota y un aro, pasarse la pelota siempre por arriba y el aro rodado de forma consecutiva. |

| ACTIVIDAD Nº 92 | Por parejas, el primero bota un balón lo más fuerte posible contra el suelo y su compañero coloca el aro y lo quita cada vez que la pelota dé un bote. ¿Quién consigue colocar el aro más veces? |

| **ACTIVIDAD Nº 93** | Conducir un balón entre los conos haciendo slalom con los pies. |

| **ACTIVIDAD Nº 94** | Igual que el ejercicio anterior, pero ahora conducimos en zigzag. |

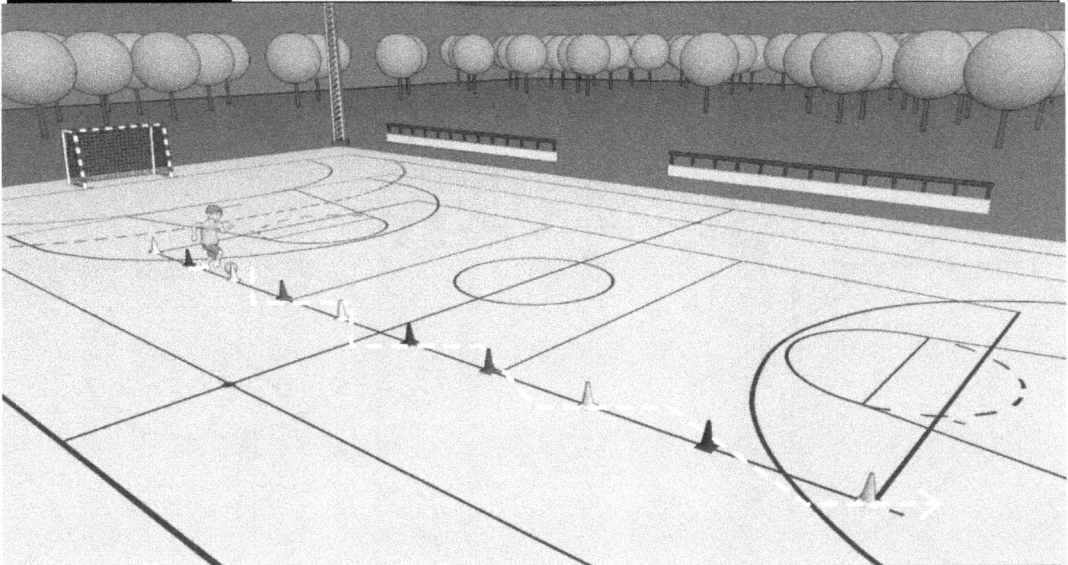

ACTIVIDAD Nº 95	Igual que el ejercicio anterior, pero ahora, en cada cono, damos un giro completo y continuamos hasta el siguiente cono.

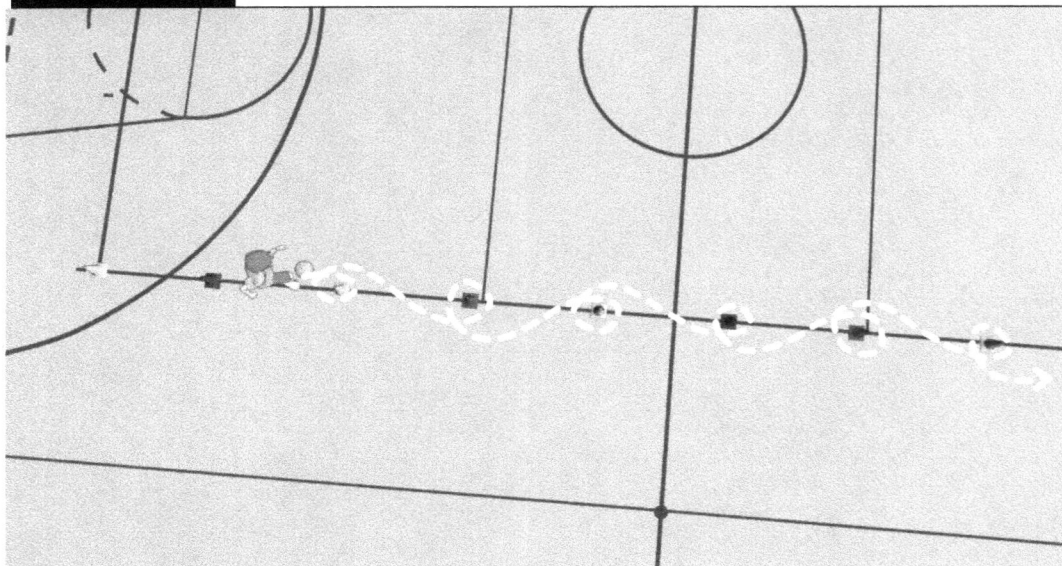

ACTIVIDAD Nº 96	Conducir un balón entre los conos haciendo slalom botando con las manos.

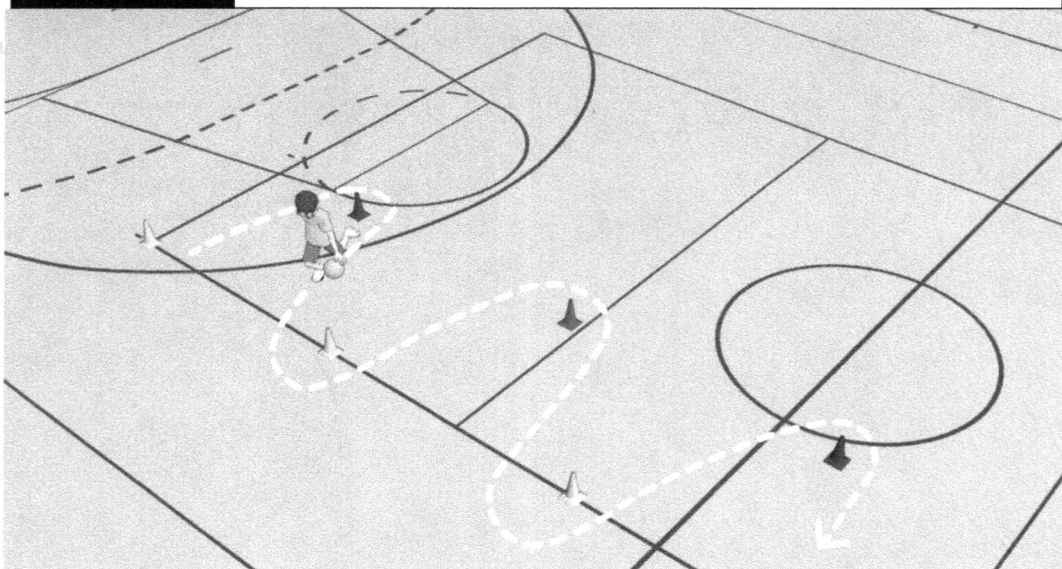

ACTIVIDAD Nº 97	Conducir un balón haciendo zigzag entre los conos botando con las manos.

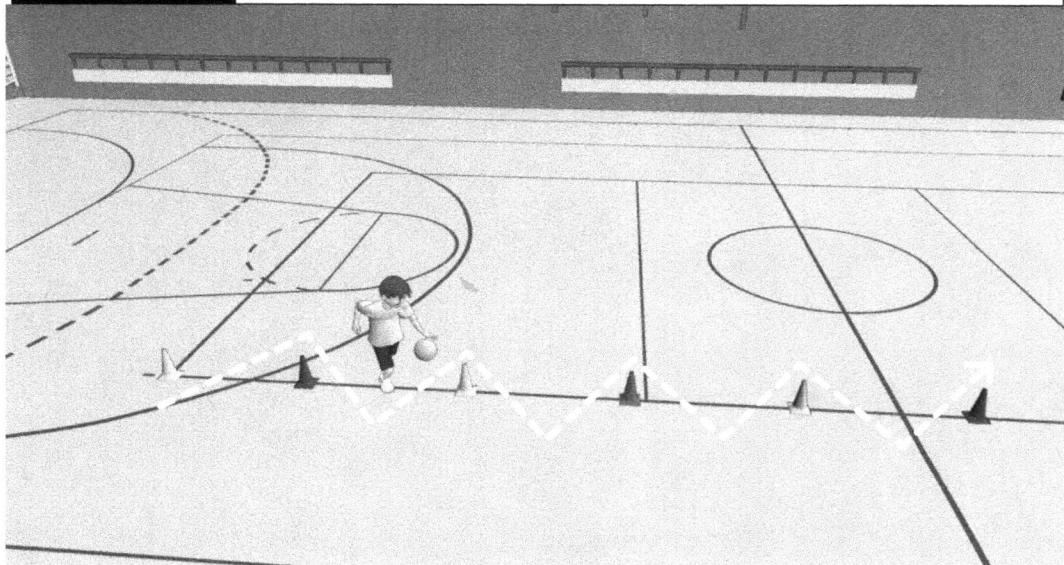

ACTIVIDAD Nº 98	Conducir un balón botándolo con las manos dándole una vuelta completa a cada cono.

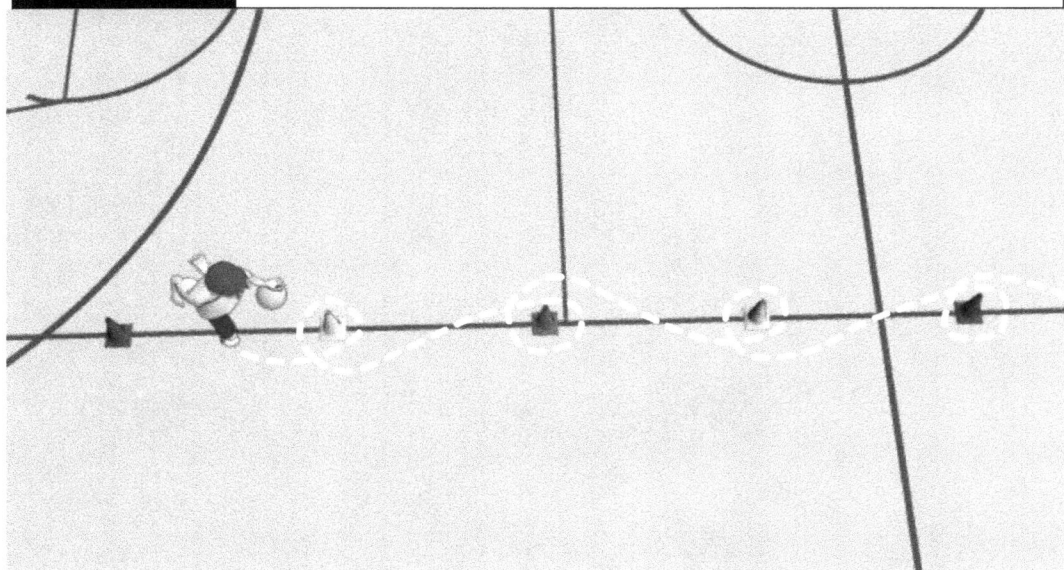

ACTIVIDAD Nº 99	Conducir un balón con los pies y hacer paredes con los compañeros antes de lanzar a puerta.

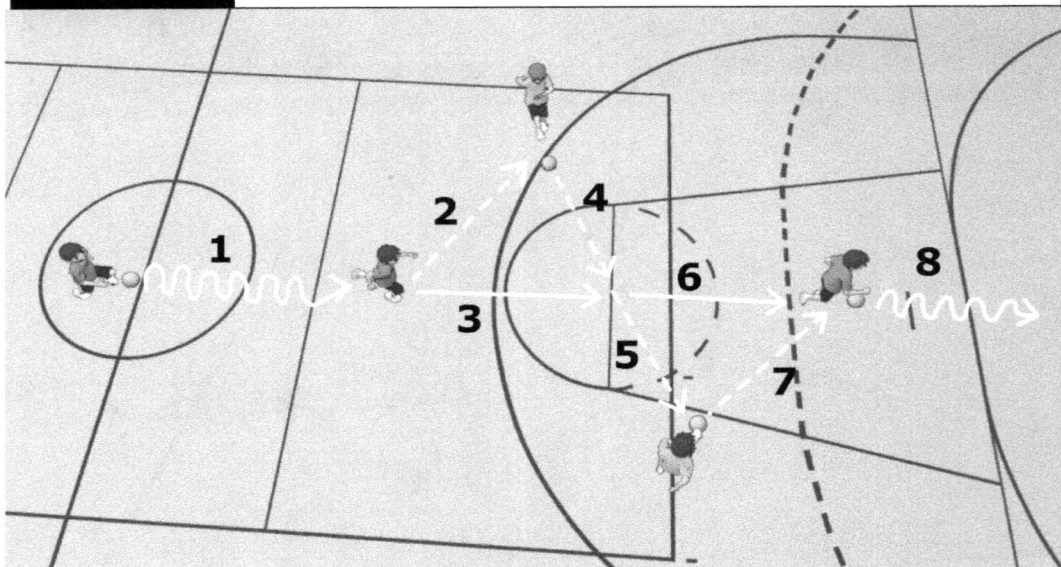

ACTIVIDAD Nº 100	Conducir el balón con los pies en slalom y a continuación hacer pared con el compañero antes de tirar a puerta.

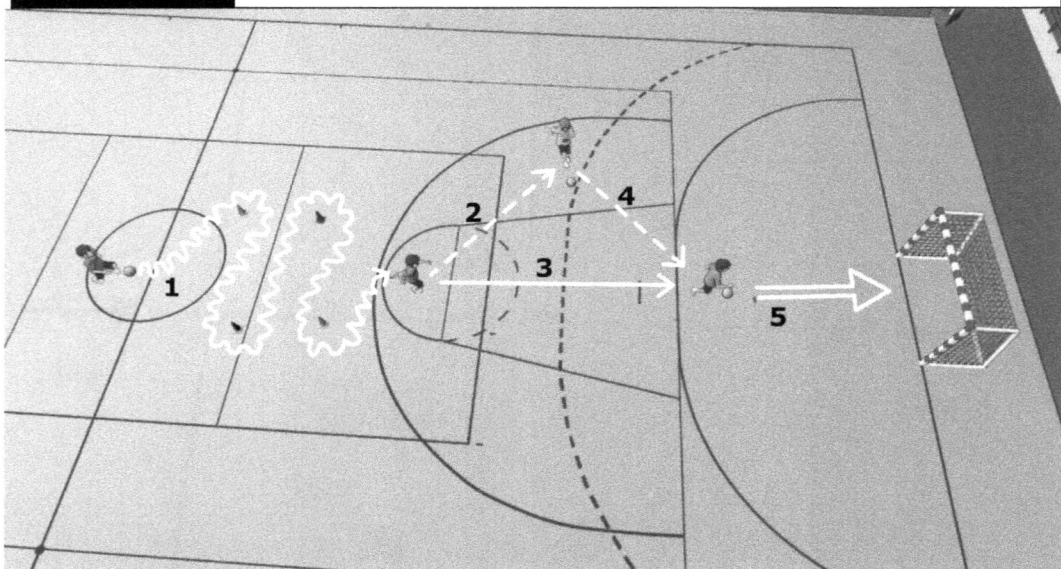

100 JUEGOS Y EJERCICIOS DE COORDINACIÓN ÓCULO-MOTRIZ PARA NIÑOS DE 8 a 10 AÑOS

ACTIVIDAD Nº 1	En el sitio, golpear una pelota de plástico grande con diferentes partes de la mano (puño cerrado, dorso...) sin que caiga al suelo.

ACTIVIDAD Nº 2	Igual que el ejercicio anterior, pero ahora le damos un golpe con cada mano de forma alternativa.

ACTIVIDAD Nº 3	Ejecutar diferentes secuencias de golpeo indicadas por el profesor (ejemplo: mano-rodilla-mano-rodilla, mano-rodilla-pie-mano-rodilla-pie, etc).

ACTIVIDAD Nº 4	Por parejas, el primero le lanza la pelota a su compañero, éste la golpea con la mano hacia arriba para "colocársela", y la vuelve a golpear con el pie antes de que caiga al suelo.

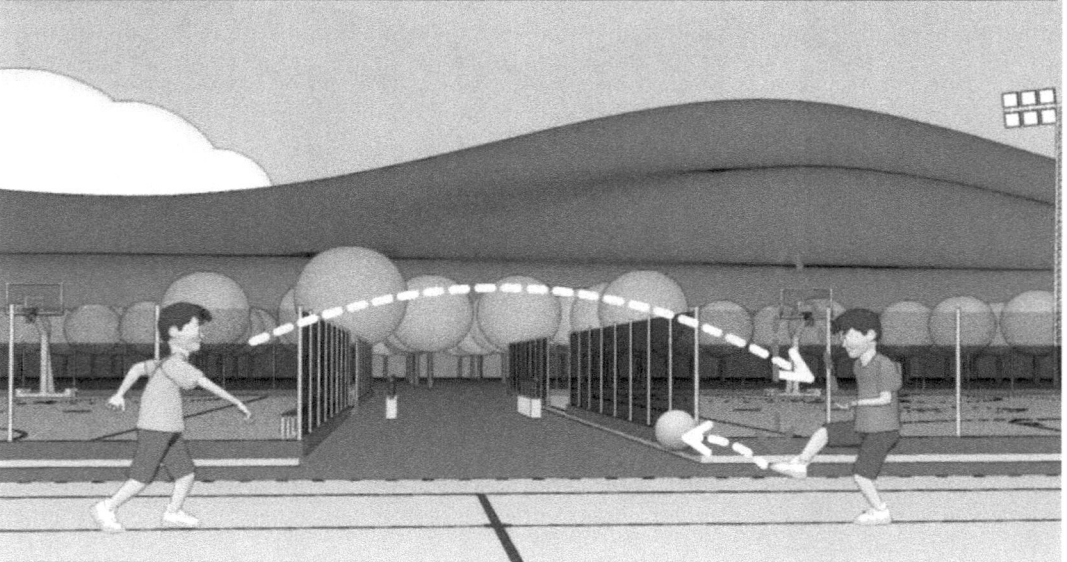

ACTIVIDAD Nº 5	Con la pelota de tenis, hacerla rodar por el suelo conduciéndola de diferentes maneras (con una mano, un golpe con cada mano, etc.).

ACTIVIDAD Nº 6	Con una pelota de tenis y situados con las piernas abiertas, hacer rodar la pelota entre nuestras piernas en cualquier dirección que se nos ocurra.

ACTIVIDAD Nº 7	Cada alumno con una pelota de tenis, desplazarse por el espacio de trabajo soltando y recogiendo la pelota como indique el profesor (dejar que dé un bote y recogerla, dejar que dé dos botes, etc.).

ACTIVIDAD Nº 8	Igual que el ejercicio anterior, pero esta vez lanzamos la pelota hacia arriba para permitir que de más botes.

ACTIVIDAD N° 9

Con una pelota de tenis lanzarla fuerte contra el suelo y atraparla antes de que suba por encima de nuestra cabeza.

ACTIVIDAD N° 10

Cada alumno con una pelota de tenis, lanzarla contra una pared a ras de suelo y recibirla en el rebote.

| **ACTIVIDAD Nº 11** | Igual que el ejercicio anterior, pero ahora lanzamos la pelota con un bote intermedio y la recogemos cuando nos llegue botando. |

| **ACTIVIDAD Nº 12** | Lanzar una pelota de tenis contra la pared y recogerla con las manos antes de que toque el suelo. A medida que lo vamos consiguiendo se puede ir aumentando la velocidad del lanzamiento. |

ACTIVIDAD Nº 13	Igual que el ejercicio anterior, pero ahora nos colocamos por parejas y recibimos el lanzamiento contra la pared que ha realizado nuestro compañero. El que recibe es el que lanza la pelota. Variante: Se puede dejar libertad para que practiquen lanzamientos variados.

ACTIVIDAD Nº 14	Con un aro situado en el suelo, lanzar una pelota de tenis golpeando donde ha indicado el profesor (delante, dentro, detrás, a un lado, etc.).

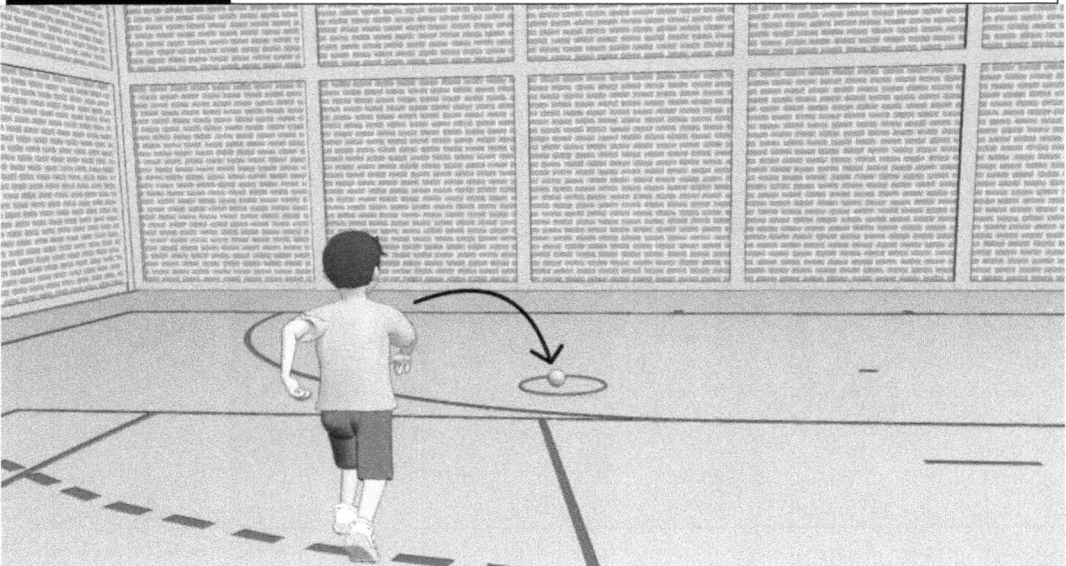

ACTIVIDAD Nº 15	Con un aro situado en el suelo a diferentes distancias, realizar lanzamientos desde las posiciones indicadas por el profesor tratando de hacer diana. Variante: Inventar posiciones de lanzamiento para hacer diana.

ACTIVIDAD Nº 16	Tras colocar el aro en una pared (a ras de suelo o a diferentes alturas) lanzar una pelota de tenis tratando de hacer diana.

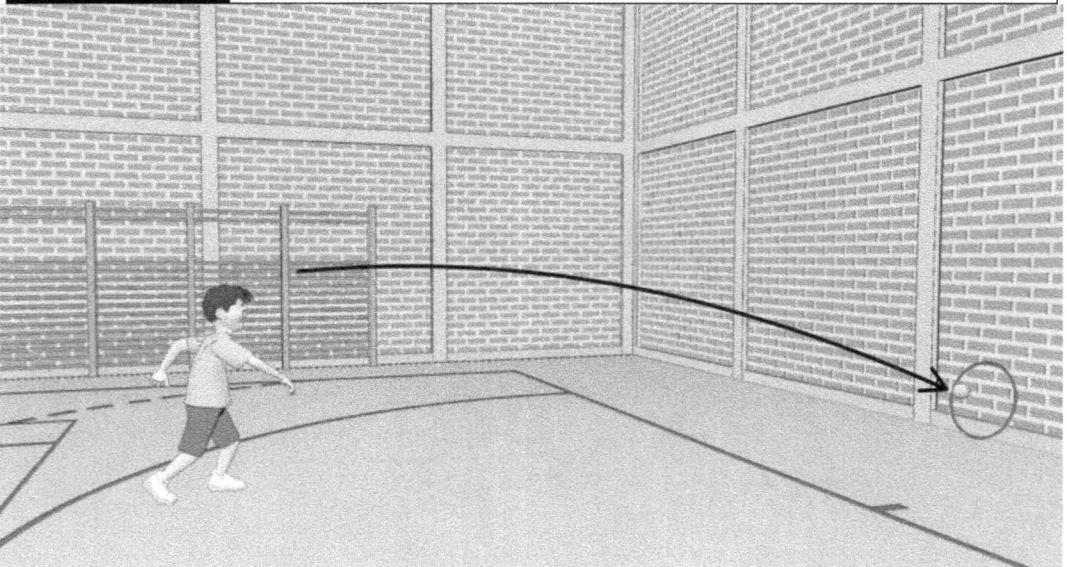

ACTIVIDAD Nº 17

Por parejas o tríos, el primero lanza una pelota de plástico y él resto hace de diana o canasta. El objetivo es lanzar la pelota y que ésta pase por el sitio acordado (entre las piernas de un compañero de pie o sentado, que bote antes de un compañero acostado y lo sobrepase...).

ACTIVIDAD Nº 18

Igual que el ejercicio anterior, pero ahora la pelota debe pasar por los brazos de los compañeros que los han colocado en círculo cerrado como si fuese una canasta.

ACTIVIDAD Nº 19	Igual que el ejercicio anterior, pero ahora la canasta se hace con los brazos hacia arriba como nuestra ilustración.

ACTIVIDAD Nº 20	Por parejas, con un balón de plástico, el primero lanza la pelota al aire y su compañero la recibe antes de que caiga al suelo.

ACTIVIDAD Nº 21

Cada alumno con un balón de plástico, desplazarse por el terreno de juego lanzándolo al aire hacia delante a diferentes distancias y recogerlo antes de que bote.

ACTIVIDAD Nº 22

Igual que el ejercicio anterior, pero ahora lanzamos el balón haciéndolo rodar por el suelo y lo tenemos que atrapar antes de que llegue a una marca establecida previamente.

ACTIVIDAD Nº 23	Por parejas, el primero golpea con los pies una pelota de plástico hacia donde está su compañero, y éste trata de evitar que el balón toque la pared utilizando únicamente las piernas.

ACTIVIDAD Nº 24	Individualmente, con un balón de plástico, desplazarse por el espacio de trabajo lanzándolo hacia arriba y dando una vuelta completa antes de recibirlo sin que caiga al suelo.

| ACTIVIDAD Nº 25 | En la misma disposición que el ejercicio anterior, los alumnos lanzan la pelota entre las piernas y se dan la vuelta rápidamente para recogerla antes que dé dos botes. |

| ACTIVIDAD Nº 26 | Por parejas, con un balón de plástico, pasárselo al compañero con lanzamientos entre las piernas (lanzamiento de espaldas al compañero, de frente,…). |

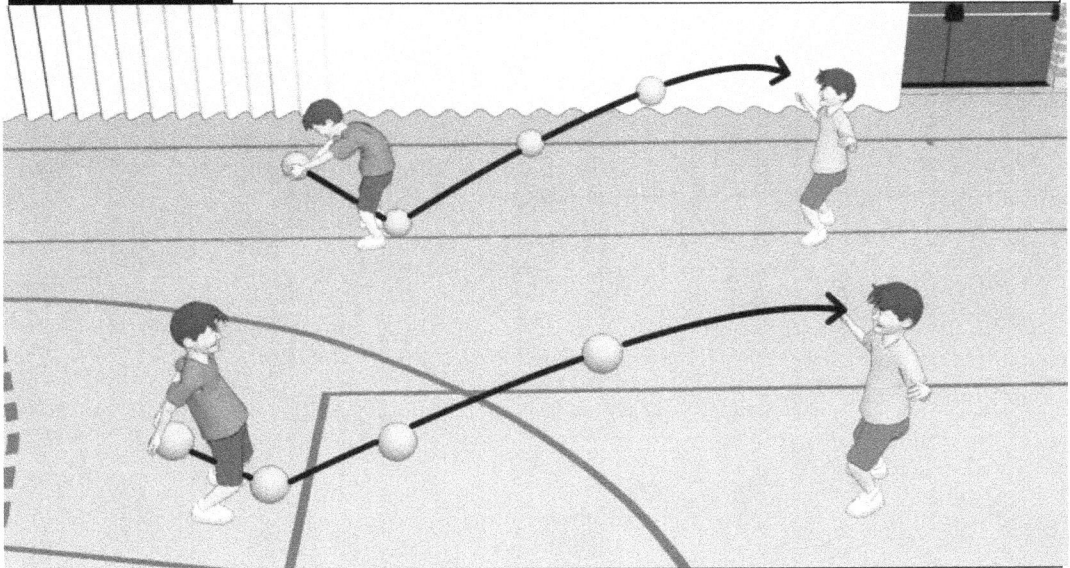

ACTIVIDAD Nº 27	Cada alumno con un balón de plástico, lo lanza al aire y lo recibe antes que caiga al suelo realizando la acción indicada por el profesor (sentarse, acostarse, hacer la "croqueta"…)

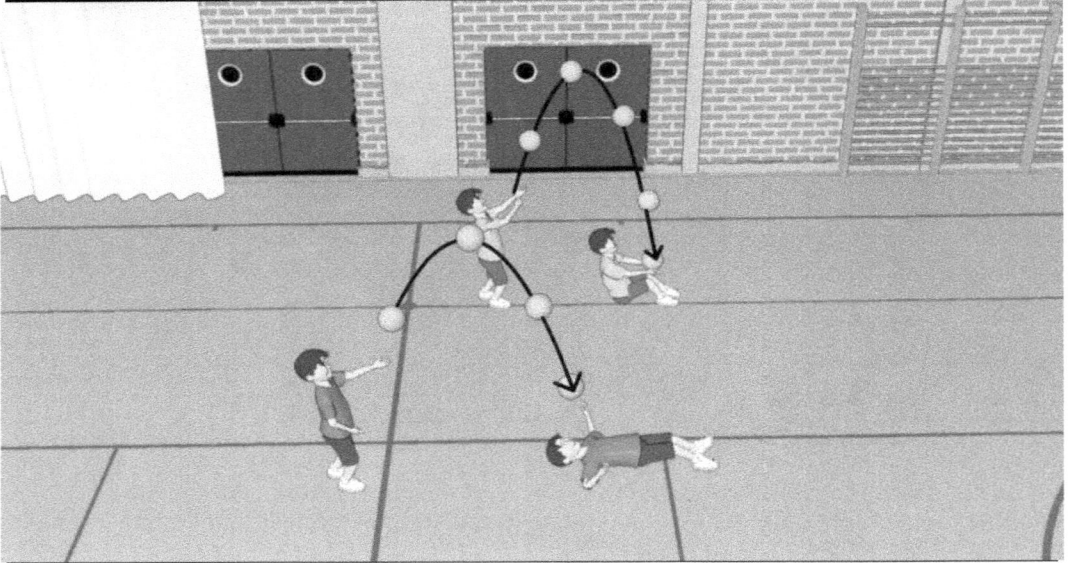

ACTIVIDAD Nº 28	Igual que el ejercicio anterior, pero ahora la consigna es lanzar el balón al aire, dar una vuelta completa, y cogerla sentados antes que caiga al suelo.

ACTIVIDAD Nº 29

Cada alumno con un balón, botarlo lo más fuerte posible contra el suelo con el objetivo de pasar la mano (el mayor número de veces) por debajo de su trayectoria.

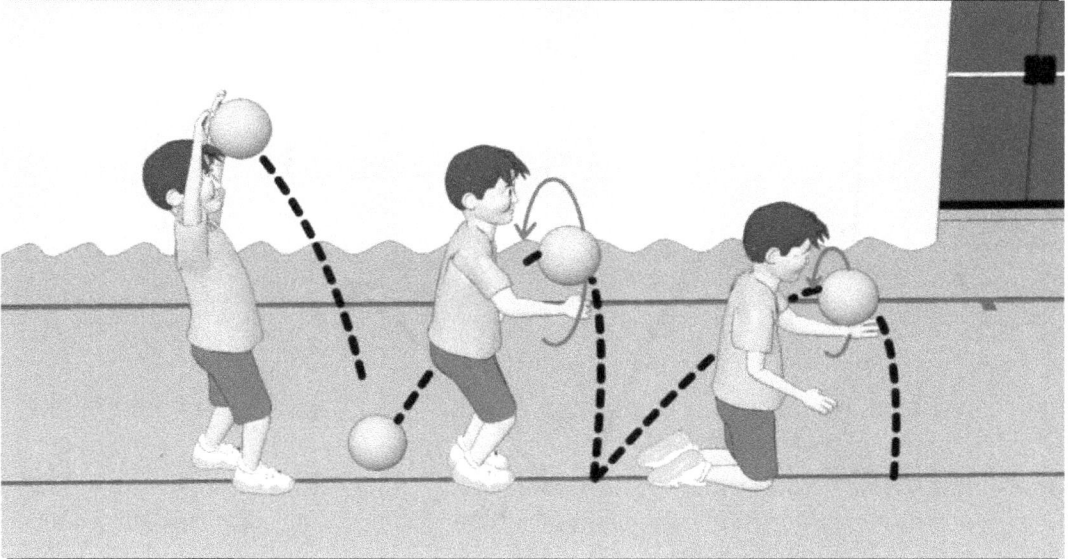

ACTIVIDAD Nº 30

Igual que el ejercicio anterior, pero ahora pasamos nosotros por debajo del balón cuantas veces podamos.

ACTIVIDAD Nº 31	Con una pelota de plástico, lanzarla contra el suelo y evitar que suba por encima de nuestros hombros. Lanzar cada vez más fuerte contra el suelo.

ACTIVIDAD Nº 32	Individualmente, con una pelota de plástico, botarla lo más fuerte posible contra el suelo y recibirla antes que caiga al suelo dando entre medio una vuelta completa.

ACTIVIDAD Nº 33	Cada alumno con una pelota, desplazarse por el terreno de juego trazando las trayectorias indicadas por el profesor (curvas, rectas...).

ACTIVIDAD Nº 34	Individualmente, con un balón, botarlo a nuestro alrededor mientras subimos y bajamos lentamente sin perder la coordinación del movimiento.

ACTIVIDAD Nº 35	Igual que el ejercicio anterior, pero ahora vamos alejando lo más posible los brazos del cuerpo y después los colocamos lo más próximo que podamos.

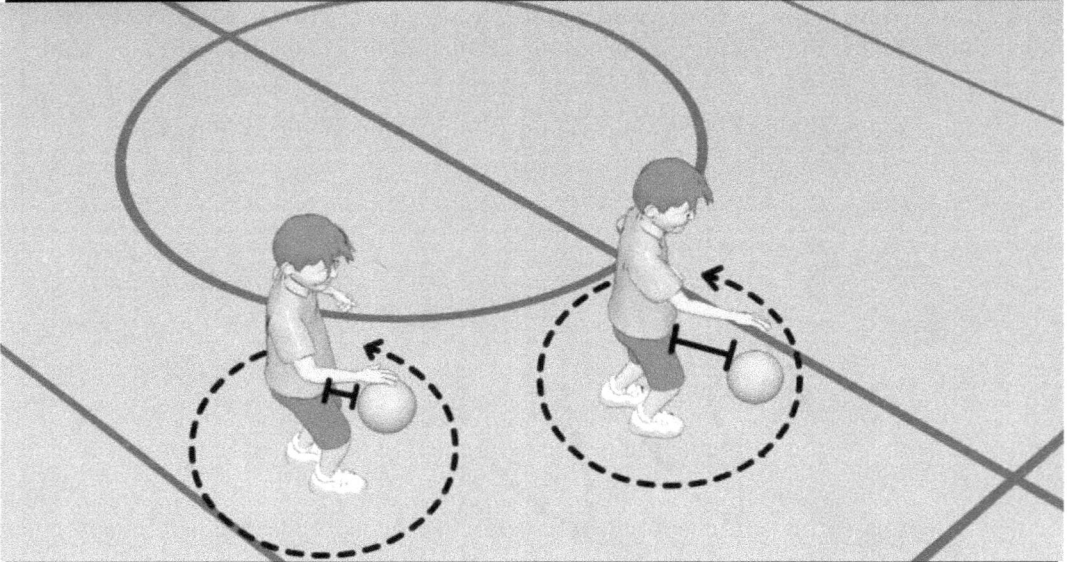

ACTIVIDAD Nº 36	Individualmente, botar una pelota con el brazo completamente estirado y con el cuerpo colocado en diferentes posiciones indicadas por el profesor (de rodillas, de pie, en cuchillas, a pata coja…).

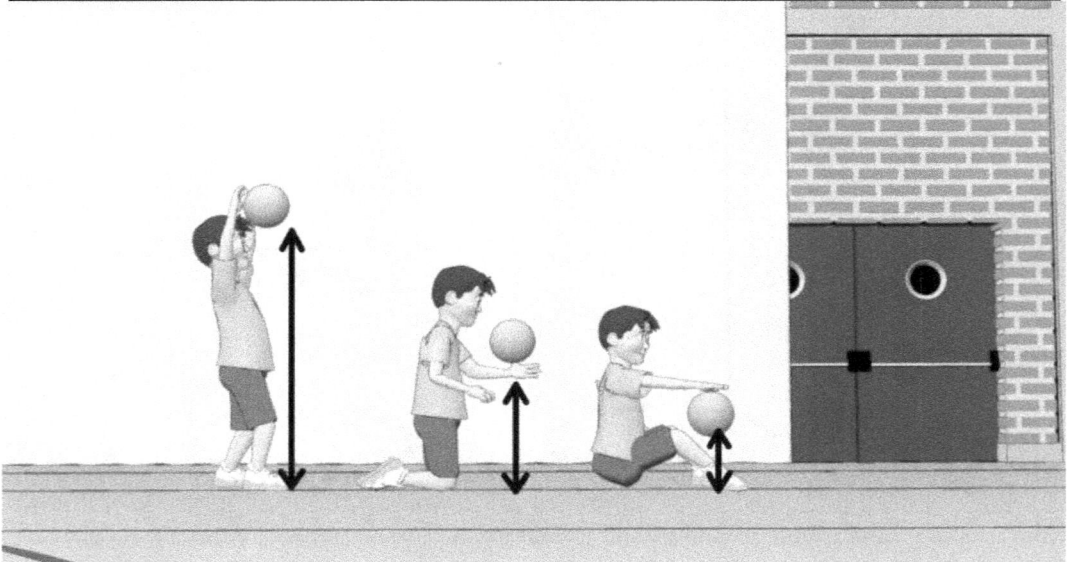

ACTIVIDAD Nº 37	Igual que el ejercicio anterior, pero ahora tratamos de botar el balón mientras estamos acostado.

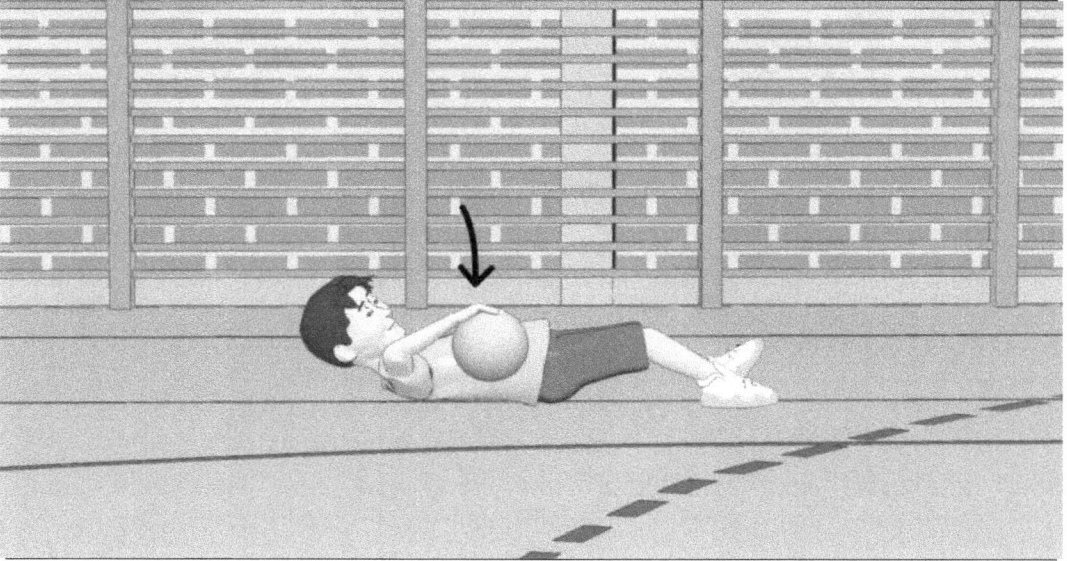

ACTIVIDAD Nº 38	De pie, botando un balón, intentar ir bajando poco a poco hasta sentarnos sin perder el ritmo de bote.

ACTIVIDAD Nº 39	Individualmente, con un balón y con los ojos cerrados, tratar de botarlo el mayor número de veces. (Variante: una vez dominado este ejercicio intentarán desplazarse con los ojos cerrados botando el balón).

ACTIVIDAD Nº 40	Individualmente, con un balón y sentados en el suelo con las piernas abiertas, botarlo entre las piernas cerca y lejos del cuerpo, por los lados, etc.

ACTIVIDAD N° 41	Por parejas, con dos balones y situados de rodilla uno frente a otro, pasarle al compañero haciendo rodar los dos balones a la vez (Variante: pasar un balón y después el otro, ampliar la distancia entre compañeros, pasar los balones botando).

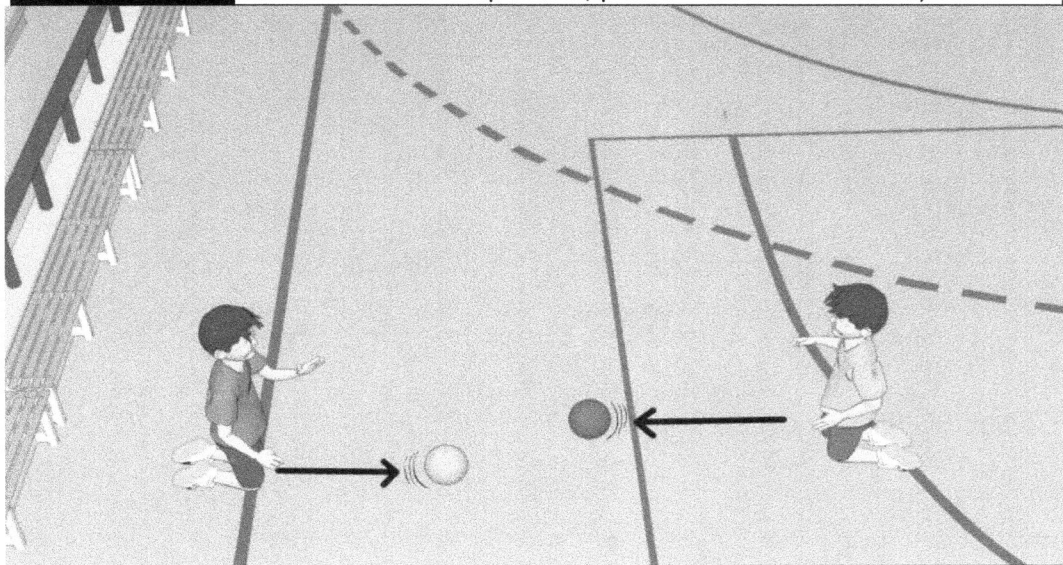

ACTIVIDAD N° 42	Igual que el ejercicio anterior, pero ahora los alumnos están de pie. (Variante: además de las anteriores, lanzar un balón por arriba y el otro siempre por debajo.

ACTIVIDAD Nº 43	Por parejas, cada alumno con un balón, pasarlo al compañero a la señal establecida por ambos, dando un bote intermedio sin que choquen.

ACTIVIDAD Nº 44	Igual que el ejercicio anterior, pero ahora los pases se ejecutan con los pies. A medida que lo van consiguiendo se pueden alejar.

ACTIVIDAD Nº 45	Por parejas, con dos balones, pasarlos al compañero a la vez enviando uno con las manos y el otro con los pies

ACTIVIDAD Nº 46	Por parejas, con un balón, correr por todo el espacio de trabajo mientras nos pasamos una pelota sin que caiga al suelo (Variante: correr hacia atrás, de lado, muy cerca uno de otro, muy lejos…).

ACTIVIDAD Nº 47	Por parejas, con un balón, el primero lo lanza rodando con el objetivo de atraparlo antes de que llegue a la señal acordada. El compañero trata de colocarse delante para impedir que consiga su fin.

ACTIVIDAD Nº 48	Por parejas, con un balón, lanzar al compañero para que nos la devuelva golpeándolo de la forma acordada: de cabeza, con un pie, de antebrazos, con los puños, etc.

ACTIVIDAD Nº 49	En grupos reducidos, hacer como si jugásemos al jockey utilizando nuestras manos en vez de sticks.

ACTIVIDAD Nº 50	Por parejas, con una pelota de tenis, lanzarla al compañero dando únicamente un bote intermedio. Después ir aumentando la distancia entre ambos.

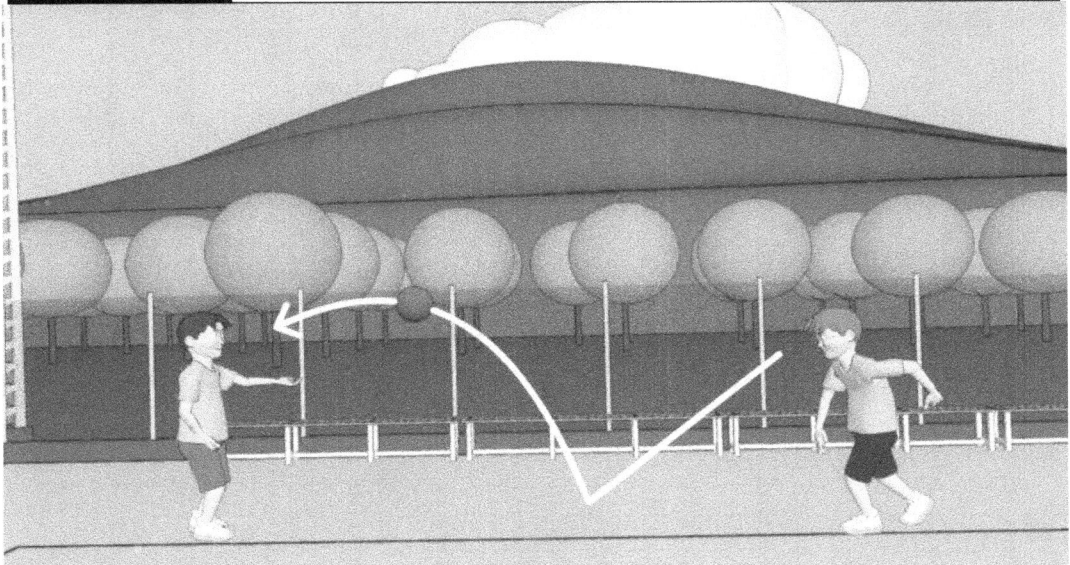

ACTIVIDAD Nº 51	Por parejas, el primero colocado en una pared, y el segundo lanza una pelota de tenis con bote tratando de golpear por encima de su compañero para después recibirla sin que toque el suelo.

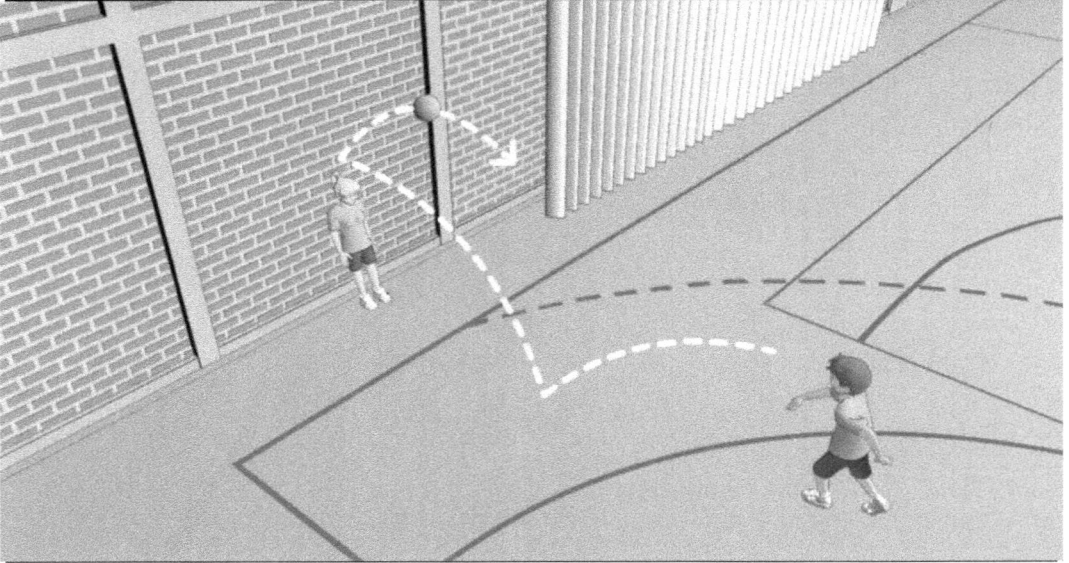

ACTIVIDAD Nº 52	En filas, cada uno con un balón medicinal (1-3 kilos dependiendo de la edad de los alumnos) ir pasándoselo de compañero a compañero a modo de carrera de relevos. (Variantes: pasarlo hacia los lados, por debajo de las piernas, por encima de la cabeza...).

ACTIVIDAD Nº 53

Por parejas, pasarse un balón medicinal de diferentes formas: por debajo de las piernas, por un lado, con una mano, saque de banda...

ACTIVIDAD Nº 54

Por parejas, con un balón, correr por el espacio de juego intentando golpear la pelota que lleva nuestro compañero. Contar el número de veces que conseguimos golpear la pelota en un tiempo determinado, o cambiar de rol cada vez que consigamos el objetivo.

ACTIVIDAD Nº 55	Por parejas, con un balón, uno se coloca cerca de una pared abriendo y cerrando las piernas continuamente. El compañero tiene que lanzar el balón y colarlo entre las piernas.

ACTIVIDAD Nº 56	Por parejas, con un balón, uno se sitúa de espaldas y se vuelve para recoger el balón lanzado por su compañero contra la pared antes que dé dos botes. A medida que lo vamos consiguiendo lo intentamos recoger con un bote o sin bote.

ACTIVIDAD Nº 57	Formando dos equipos y estableciendo dos campos iguales con el mismo número de balones a la señal del profesor lanzarlos dentro del campo contrario. El perdedor es el equipo que tenga todos los balones en su campo.

ACTIVIDAD Nº 58	Por parejas, con un balón, desplazarse por el espacio de trabajo pasándoselo a nuestro compañero lo más rápido posible. Podemos dar la consigna de que el balón es como una "patata caliente" o una "bomba a punto de estallar".

ACTIVIDAD Nº 59 — Por tríos, jugar al gato y al ratón. Dos se pasan una pelota y el de en medio trata de interceptar los pases.

ACTIVIDAD Nº 60 — Igual que el juego anterior, pero ahora los pases se realizan con los pies.

ACTIVIDAD Nº 61	Por parejas, jugar al gato y al ratón contra otra pareja que se sitúa en medio.

ACTIVIDAD Nº 62	Igual que el ejercicio anterior, pero ahora los pases se realizan con los pies.

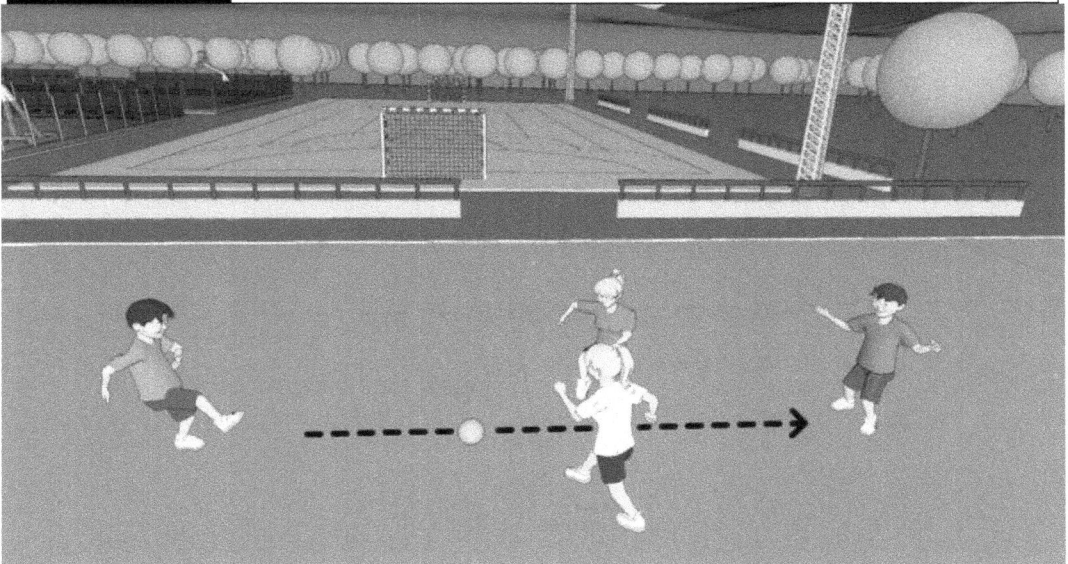

| **ACTIVIDAD Nº 63** | En grupos de cuatro colocados en cuadrado con un balón, pasarlo en cualquier dirección a la mayor velocidad posible. |

| **ACTIVIDAD Nº 64** | Igual que el ejercicio anterior, pero ahora el cuadrado se tiene que ir desplazando por el terreno de juego pasándose el balón y manteniendo la formación. |

ACTIVIDAD Nº 65	Por parejas, con un balón, el primero lo lanza hacia delante con el pie e intenta atraparlo antes de que llegue a la señal acordada. El compañero se coloca delante para impedir que consiga su fin.

ACTIVIDAD Nº 66	Individualmente o por parejas, botar una pelota con las dos manos y a continuación cogerla para golpearla / pasarla con la rodilla.

ACTIVIDAD Nº 67	Igual que el ejercicio anterior, pero ahora se pasa / golpea con un pie.

ACTIVIDAD Nº 68	Individualmente, con un balón, botarlo mientras nos desplazamos por el espacio de trabajo y golpearlo con el pie cada cierto número de botes.

ACTIVIDAD Nº 69	Individualmente o por parejas, botar una pelota con ambas manos por el terreno de juego y a continuación, sin atraparla, golpearla con el pie hacia una diana (portería, pared...).

ACTIVIDAD Nº 70	Individualmente, con una pelota, realizar una secuencia de golpeos previamente establecida (bote-rodilla-bote-pie-bote-cabeza...).

ACTIVIDAD Nº 71	Por parejas, con un balón, el primero lo pasa al compañero haciéndolo rodar por el suelo con la mano, y éste se lo devuelve golpeándolo con el pie.

ACTIVIDAD Nº 72	Igual que el ejercicio anterior, pero ahora el primero pasa el balón con las manos a su compañero y éste se lo devuelve golpeándolo con la mano.

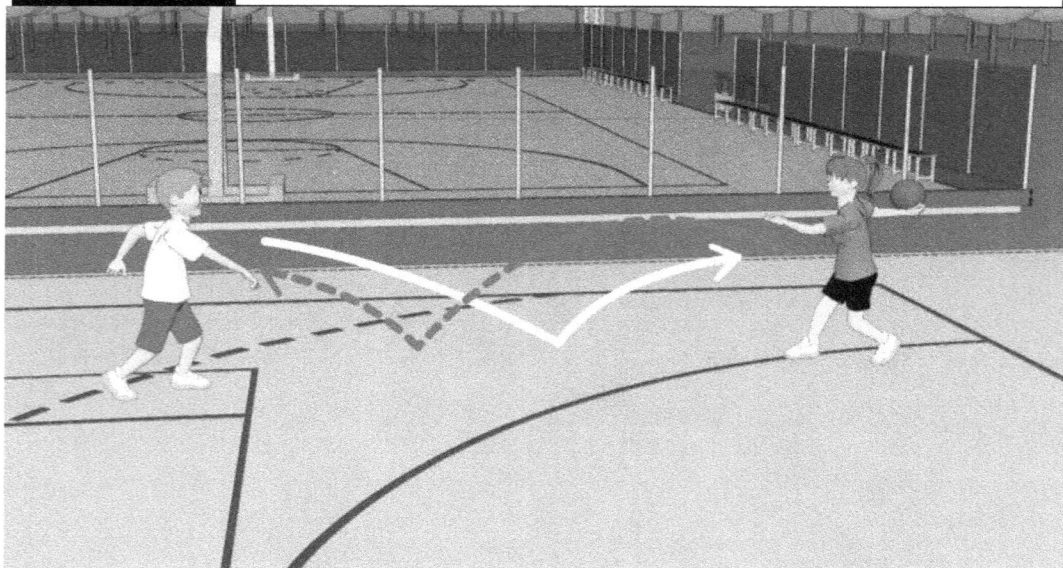

ACTIVIDAD Nº 73	Por parejas, con un balón, el primero sentado en el suelo golpea el balón que le pasa un compañero de forma rodada.

ACTIVIDAD Nº 74	Utilizando un plinto como portería, un alumno hace de portero y trata de parar los lanzamientos que realizan sus compañeros.

ACTIVIDAD Nº 75	Por parejas, con dos balones, un jugador lanza uno por arriba y el otro lo hace rodando por el suelo. (Variante: Realizar los pases cada vez más rápido, intercambiar roles, etc.).

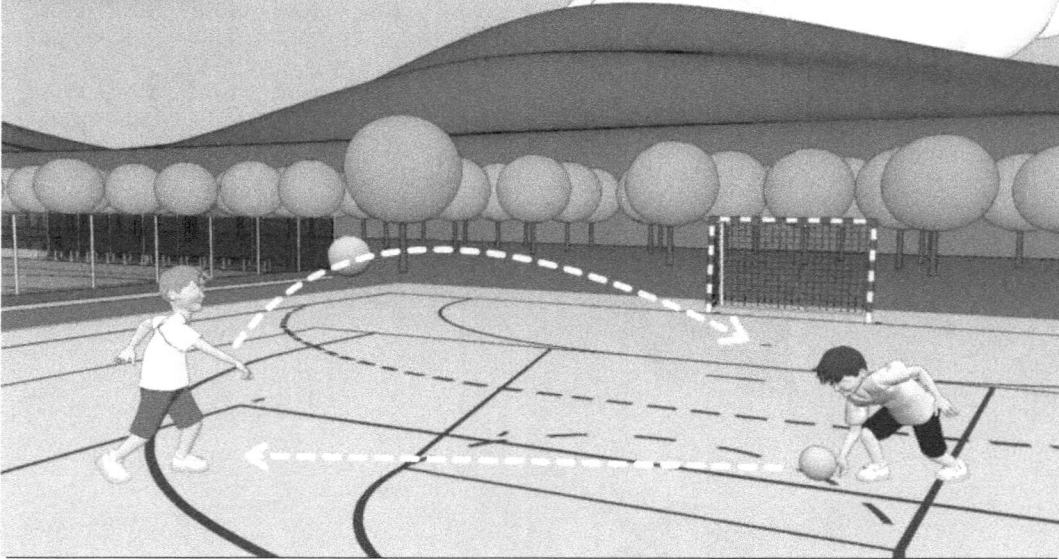

ACTIVIDAD Nº 76	Igual que el ejercicio anterior, pero ahora el segundo alumno pasa el balón por el suelo con el pie.

| **ACTIVIDAD Nº 77** | Por parejas, dándole la espalda a nuestro compañero, pasarse dos balones por debajo de las piernas.. |

| **ACTIVIDAD Nº 78** | Por parejas, uno frente a otro, pasarse dos balones a la vez sin que caigan al suelo. |

ACTIVIDAD Nº 79	Desplazarse por el espacio de trabajo golpeando todos los balones que nos encontremos en nuestro camino.

ACTIVIDAD Nº 80	Por parejas, con un balón, el primero lo bota fuerte contra el suelo y un compañero viene corriendo desde una marca para atraparlo antes que toque el suelo. El primer jugador se sitúa en la marca y se repite así el ejercicio intercambiando roles.

ACTIVIDAD Nº 81	Individualmente con un balón, desplazarse con bote-velocidad hacia una marca desde la que saltamos y lanzamos el balón contra la pared. A continuación un compañero recoge el balón y vuelve a la fila para comenzar el ejercicio.

ACTIVIDAD Nº 82	Igual que el ejercicio anterior, pero ahora conducimos el balón y lo golpeamos con el pie desde la marca.

ACTIVIDAD Nº 83

Individualmente, con un aro, lanzarlo al aire cambiándoselo de mano. Ir aumentando poco a poco la altura del lanzamiento.

ACTIVIDAD Nº 84

Individualmente, con un aro, lanzarlo hacia arriba y atraparlo lo más alto posible dando un salto. Podemos indicar a los alumnos que caigan en diferentes posiciones (cuclillas, pata coja….).

ACTIVIDAD Nº 85

En la misma disposición que los ejercicios anteriores, lanzar el aro hacia arriba paralelo al suelo y, al caer, meternos dentro de él sin tocarlo.

ACTIVIDAD Nº 86

Cada alumno con un aro, realizar lanzamientos desde una marca tratando de engancharlo en una diana (pica apoyada en un cono u oblicua entre espalderas).

ACTIVIDAD Nº 87	Por parejas, con un aro. Pasárselo sin que caiga al suelo utilizando una y otra mano.

ACTIVIDAD Nº 88	Igual que el ejercicio anterior, pero ahora nos pasamos dos aros a la vez.

ACTIVIDAD Nº 89	Individualmente, con una pala y una pelota pequeña, mantener ésta sobre la pala mientras permanecemos quietos.

ACTIVIDAD Nº 90	Igual que el ejercicio anterior, pero ahora nos desplazamos a diferentes velocidades (andando, corriendo,…)

| **ACTIVIDAD Nº 91** | Individualmente, con una pala y una pelota pequeña, parados, golpear la pelota el mayor número de veces sin que caiga al suelo. |

| **ACTIVIDAD Nº 92** | Igual que el ejercicio anterior, pero ahora nos desplazamos por el espacio de trabajo a diferentes velocidades. |

ACTIVIDAD Nº 93

En la misma disposición que los ejercicios anteriores pero esta vez frente a una pared, mantener la pelota en el aire con varios golpes y a continuación lanzarla contra la pared dejándola que bote.

ACTIVIDAD Nº 94

Por parejas, con una pelota pequeña y una pala cada uno. El primero da un número de golpes seguidos sin que caiga al suelo y a continuación se la pasa a su compañero. Éste la recibe sin que caiga y repite el mismo número de golpes.

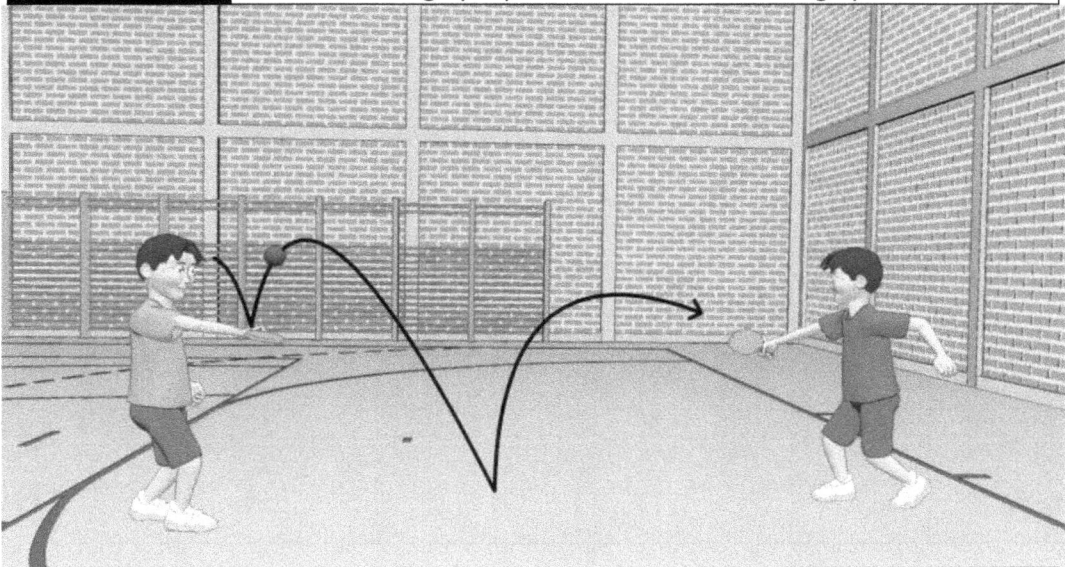

ACTIVIDAD Nº 95

Por parejas, cada uno con una pala, pasarse una pelota de formas variadas: sin que caiga al suelo, con bote intermedio, de revés...

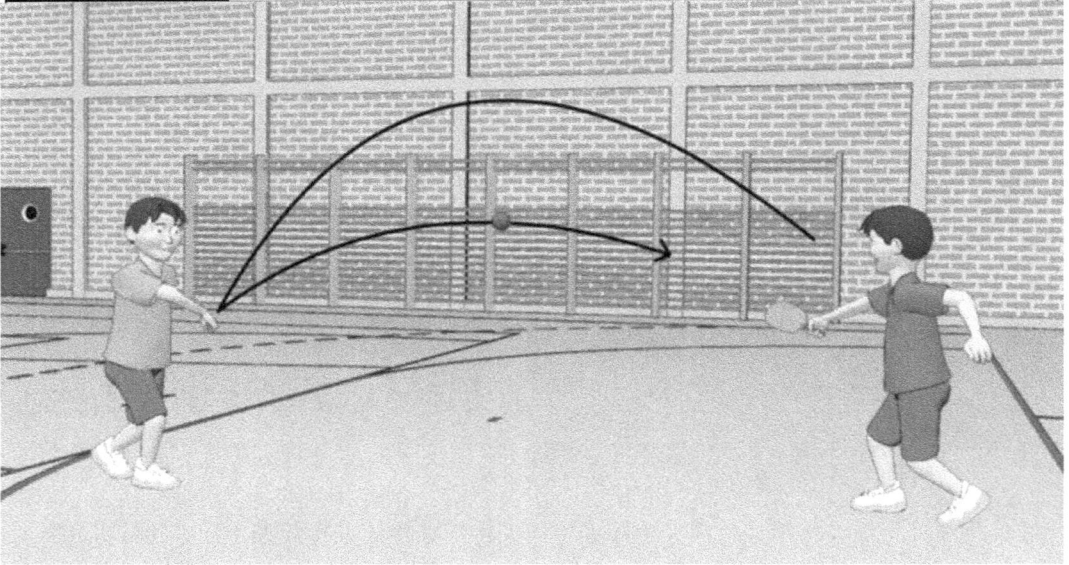

ACTIVIDAD Nº 96

Con un disco volador, por parejas, pasárselo sin que caiga al suelo.

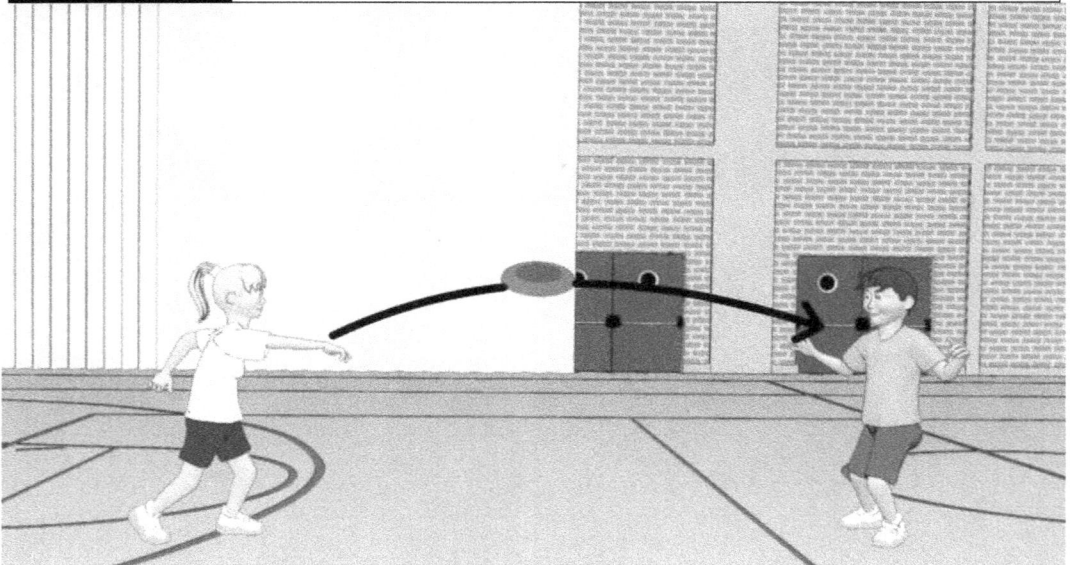

ACTIVIDAD Nº 97

Igual que el ejercicio anterior, pero ahora atrapamos el frisbee en el aire lo más alto posible.

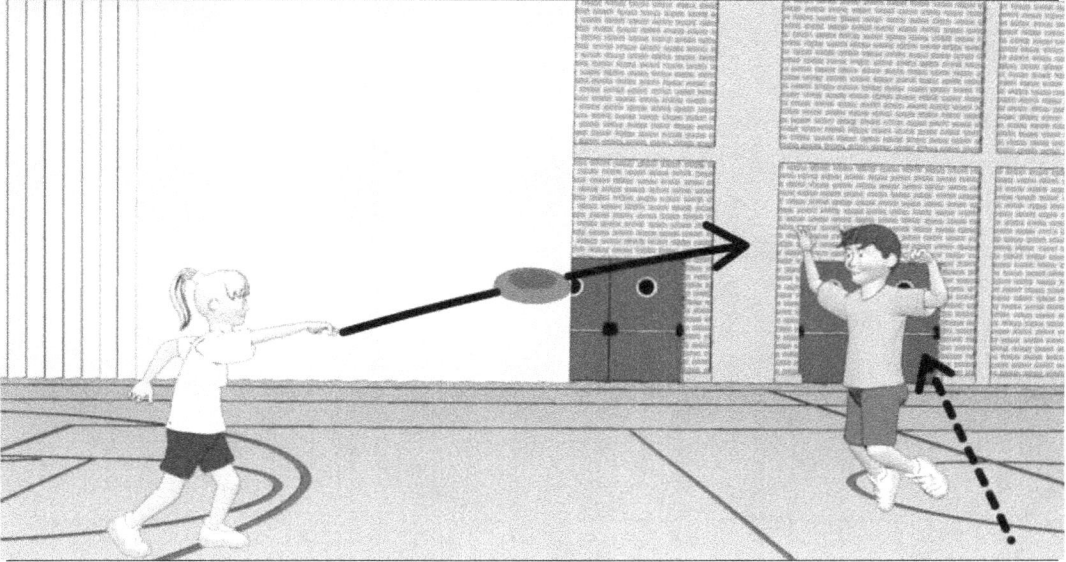

ACTIVIDAD Nº 98

Igual que los ejercicios anteriores pero ahora practicamos diferentes tipos de lanzamiento: por debajo de una pierna, por la espalda…

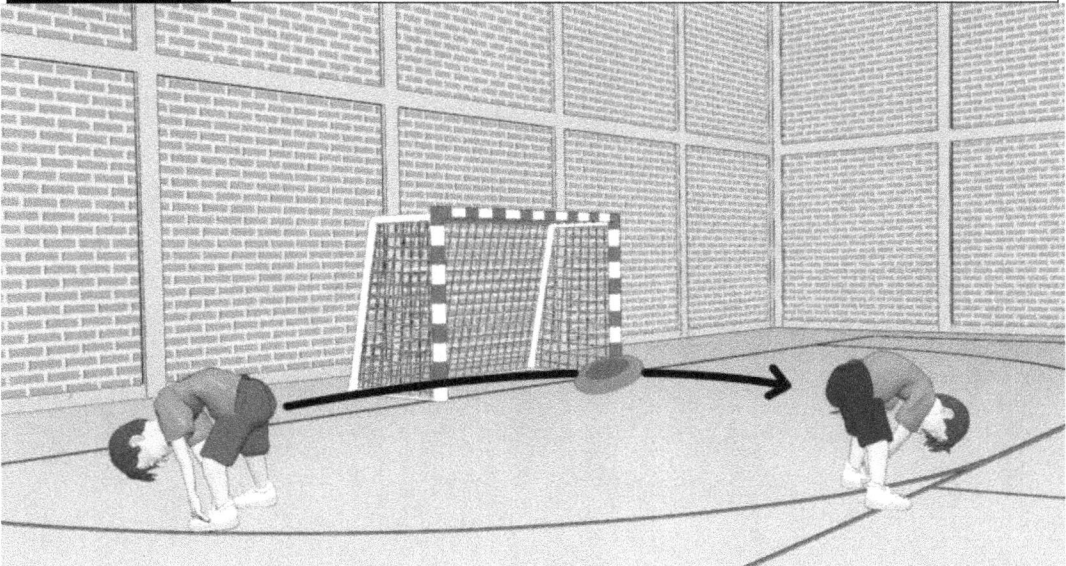

ACTIVIDAD Nº 99	¿Quién consigue lanzar el frisbee arrodillado y por su espalda?

ACTIVIDAD Nº 100	Pasarse un frisbee por parejas mientras nos desplazamos en cuadrupedia por el espacio de trabajo.

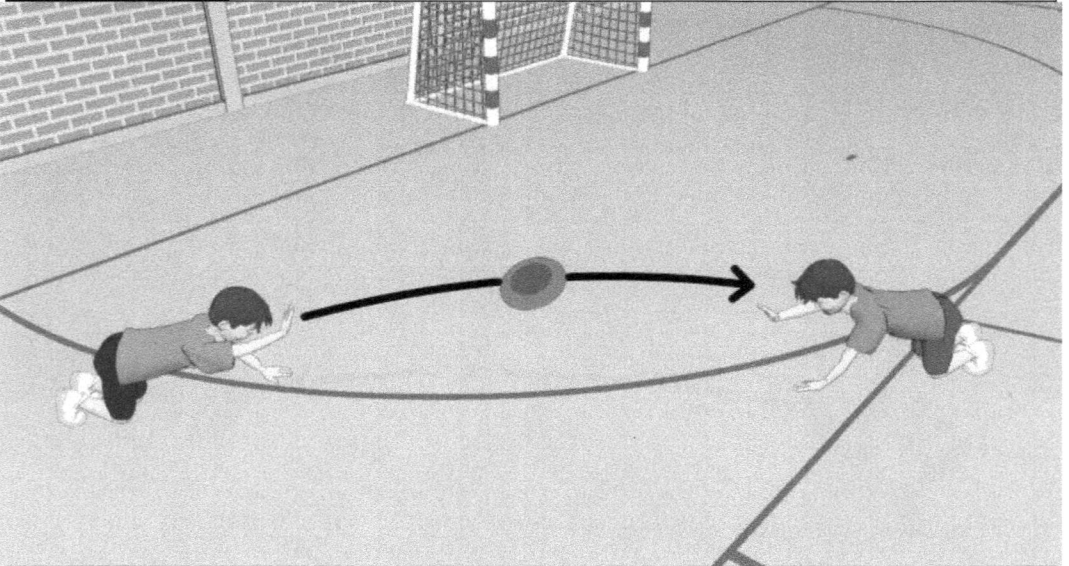

www.ingramcontent.com/pod-product-compliance
Lightning Source LLC
Chambersburg PA
CBHW080559090426
42735CB00016B/3288